마흔에 읽는 천자문

흔들리는 삶의 중심을 잡아주는 천년의 지혜

마흔에 읽는 천자문

허경진 엮어옮김

빌리버튼

마흔,
흔들리는 마음의 뿌리를 내리다

    1700년 전 주흥사가 만든 《천자문》은 동아시아에서 가장 널리 읽힌 한자 입문서였습니다. 우리나라에서는 아이들이 다섯 살이 되면 서당에서 가장 먼저 접한 책이었고, 오백 년 조선 시대 내내 삶의 기초와 뿌리가 되었습니다. 조선의 수많은 명필들도 글씨를 연습하는 본보기 책으로 이 《천자문》을 사용했고, 그 글씨를 책으로 찍어내며 전통을 이어갔습니다.

    우리나라 《천자문》만이 가진 특징은 글자字뿐 아니라 뜻訓과 소리音를 함께 적어, 어린이가 눈으로 보고, 입으로 읽고, 귀로 들으며 외우도록 했다는 점입니다. 이 방식 덕분에 같은 글자라도 더 깊게 이해하며 자연스럽게 한자의 구조와 문맥을 익힐 수 있었습니다.

    또한, 이 책은 네 글자씩 짝을 이룬 아름다운 사언시四言詩였습니다. 압운이 주는 리듬 덕분에 노래처럼 외우기 쉽고 떠올리기 좋아서, 문자와 세계를 함께 배우는 작은 시집이 되었습니다. 천지天地에서 시작해 자연의 섭리, 인간의 도리, 역사와 문물, 가정과 처신에 이르기까지, 천 글자 속에는 삶을 이루는 거의 모든 주제가 응축되어 있습니다. 이 때문에 조선에서 《천자문》은 평생을 함께하는 귀한 삶의 지침서가 되었습니다.

 어린 시절 외워만 두었던 《천자문》은 성인이 되어 다시 펼쳤을 때 비로소 그 진가를 발휘했습니다. 아이들이 뜻도 모르고 맹목적으로 외웠던 구절의 숨은 의미를 찾기 위해, 문장마다 출전을 밝히고 뜻을 풀어낸 《주해 천자문》 같은 해설서가 만들어졌습니다. 어린 시절 외워만 두고 지나친 텍스트를 어른이 되거나 남을 가르치는 훈장이 되어서야 다시 읽으며 '아, 이런 의미였구나'를 깨닫는 과정, 이것이 바로 《천자문》이 지닌 두 번째 생명이었습니다.

 《천자문》의 중요성을 확인할 수 있는 일화가 하나 있습니다. 조선시대의 명재상 이항복이 고령의 나이에도 손자에게 큰 글씨로 또박또박 《천자문》을 써주고, "이 뜻을 저버리지 마라."라고 당부했다는 일화입니다. 2023년 보물 제2215호로 지정된 이 유물은, 영의정까지 지낸 나이에 손자에게 주기 위해 한 자 한 자 써서 줄 만큼 《천자문》이 단순한 한지 교재를 넘어 인생의 교본이었다는 사실을 보여줍니다. 『천자문』을 한 글자 한 글자 써주면서, 조선 최고의 벼슬에 오른 명재상 역시 어렸을 적에는 몰랐던 뜻을 깨달았을 것입니다.

 저 또한 서당 훈장이셨던 증조부와, 그 서당에서 《천자문》을 배우셨던 할아버지의 후손입니다. 그래서 제가 국민학교 5학년이 되었을 때 아버지께서 《천자문》 한 권을 사주시며 할아버지께 천자문을 배워 오라고 보내셨지만, 저는 아버지께 숙제 검사를 받으려고 "하늘 천" "따지" 등의 한자 뜻과 음만 외웠을 뿐, 그 구절들이 하나의 문장인 줄도 몰랐습니다.

그러나 세월이 흘러 마흔이 되어 대학에서 학생들을 가르치며 다시 책을 펼쳤을 때, 비로소 그 속에 담긴 세계를 보았습니다. 구절마다 압운을 지킨 사언시로 이루어진 《천자문》은 동양의 지식과 역사를 압축한 백과사전이이었으며, 각 글자는 고전으로 통하는 입구였습니다. 어린 시절엔 외우기만 했던 문장을 다시 읽자, 그동안 놓쳤던 의미가 곳곳에서 빛났습니다.

공자는 "마흔에 미혹되지 않는다四十而不惑"고 했지만, 오늘날 우리는 여전히 흔들립니다. 그래서 마흔의 나이에도 다시 배움을 찾습니다. 천 글자 속에 담긴 자연과 역사, 인간의 도리와 삶의 지혜는 흔들리는 현대의 우리들에게도 변치 않는 길을 보여줍니다. 그런 의미에서 '마흔에 읽는 천자문'으로 엮어냈습니다.

이 책은 《주해 천자문》을 바탕으로 하면서, 사언시 원문을 살려 네 글자의 번역문이 좌우로 한 연의 시를 이루도록 편집하고 번역했습니다. 수많은 고전의 출전을 소개하여 당시 고전의 핵심만을 뽑아 집대성했던 《천자문》의 진정한 의미를 이해할 수 있게 했습니다.

어린 시절 뜻 모르던 암송이 성인이 된 우리의 사유로 이어지고, 한 글자 한 글자에 새로운 의미가 피어나는 시간. 흔들리는 나이에 《천자문》은 다시 한 번 우리의 가장 충실하고 깊이 있는 첫 책이 될 것입니다.

차례

머리말 마흔, 흔들리는 마음의 뿌리를 내리다 4

1장 하늘과 땅의 이치

001. 천지현황 · 하늘은 검고 땅은 누르며 18
002. 우주홍황 · 우주는 넓고도 크다 19
003. 일월영측 · 해와 달은 차고 기울며 20
004. 진수열장 · 별과 별자리는 벌여 있다 21
005. 한래서왕 · 추위가 오면 더위는 가고 22
006. 추수동장 · 가을에는 거두고 겨울에는 간직해둔다 23
007. 윤여성세 · 윤달이 남아 해를 이루고 24
008. 율려조양 · 율과 여로 음양을 조리한다 25
009. 운등치우 · 구름이 올라 비를 이루고 26
010. 노결위상 · 이슬이 맺혀 서리가 된다 27
011. 금생여수 · 금은 여수에서 나고 28
012. 옥출곤강 · 옥은 곤강에서 나온다 29
013. 검호거궐 · 칼은 거궐이 이름났고 30
014. 주칭야광 · 구슬은 야광을 일컫는다 31
015. 과진리내 · 과일은 오얏과 벚을 보배로 여기고 32
016. 채중개강 · 채소는 겨자와 생강을 중하게 여긴다 33
017. 해함하담 · 바닷물은 짜고 하수는 담박하며 34
018. 인잠우상 · 비늘 있는 것은 물속에 잠기고 깃 있는 것은 공중을 난다 35

2장 옛 성군들의 역사

019. 용사화제 · 관사를 용이라 이름한 임금과 불을 숭상한 임금이 있으며 38
020. 조관인황 · 관직을 새로 기록하고 인문을 연 황제가 있다 39
021. 시제문자 · 비로소 문자를 만들고 40
022. 내복의상 · 이에 웃옷과 치마를 입었다 41
023. 추위양국 · 천자의 자리를 미루어 주고 나라를 사양한 이는 42
024. 유우도당 · 유우씨와 도당씨이다 43
025. 조민벌죄 · 백성을 위로하고 죄 있는 자를 친 사람은 44
026. 주발은탕 · 주나라 (무왕)발과 은나라 탕왕이다 45
027. 좌조문도 · 조정에 앉아 도를 물으니 46
028. 수공평장 · 옷자락을 늘어뜨리고 손을 맞잡고 있어도 나라가 공평하고 밝게 다스려진다 47
029. 애육여수 · 백성을 사랑하여 기르면 48
030. 신복융강 · 오랑캐들도 신하로 복종한다 49
031. 하이일체 · 멀고 가까운 곳을 하나로 보아 50
032. 솔빈귀왕 · 거느리고 와서 복종하여 임금에게 돌아온다 51

033.	명봉재수	우는 봉황새는 나무에 있고 52
034.	백구식장	흰 망아지는 마당에서 풀을 먹는다 53
035.	화피초목	덕화가 풀과 나무에도 입혀지고 54
036.	뢰급만방	힘입음이 만방에 미친다 55

3장 인간의 도리와 군자의 미덕

037.	개차신발	대개 이 몸과 터럭은 58
038.	사대오상	네 가지 큰 것과 다섯 가지 떳떳함이 있다 59
039.	공유국양	키워주고 길러주심을 공손히 생각하니 60
040.	기감훼상	어찌 감히 헐고 다치게 하랴 61
041.	여모정렬	여자는 정렬을 사모하고 62
042.	남효재량	남자는 재주와 어짊을 본받아야 한다 63
043.	지과필개	허물을 알면 반드시 고치고 64
044.	득능막망	능력을 얻으면 잊지 말라 65
045.	망담피단	남의 단점을 말하지 말고 66
046.	미시기장	자기의 장점을 믿지 말라 67
047.	신사가복	약속은 실천할 수 있게 하고 68
048.	기욕난량	그릇은 헤아리기 어렵게 하고자 한다 69
049.	묵비사염	묵자는 실이 물드는 것을 슬퍼했고 70
050.	시찬고양	시경에서는 염소가죽옷을 찬미했다 71
051.	경행유현	큰 도를 행하면 어진 이가 되고 72
052.	극념작성	능히 생각하면 성인이 된다 73
053.	덕건명립	덕이 서면 이름이 서고 74
054.	형단표정	모습이 단정하면 의표도 바르게 된다 75
055.	공곡전성	빈 골짜기가 소리를 전하고 76
056.	허당습청	빈집에서 듣는 것을 익힌다 77
057.	화인악적	화는 악이 쌓임에서 인연하고 78
058.	복연선경	복은 착한 경사에서 인연한다 79
059.	척벽비보	한 자 되는 구슬이 보물이 아니니 80
060.	촌음시경	한 치의 광음을 다투어라 81
061.	자부사군	부모 섬김을 바탕으로 임금을 섬겨야 하니 82
062.	왈엄여경	가로되 엄숙함과 공경함이다 83
063.	효당갈력	효도는 마땅히 힘을 다해야 하고 84
064.	충즉진명	충성은 목숨을 다해야 한다 85
065.	임심리박	깊은 물에 임한 듯, 엷은 얼음을 밟듯이 하고 86

	066.	숙흥온청 · 일찍 일어나 어버이의 덥고 서늘함을 살피라 87
067.	사란사형 · 난초처럼 향기로우며 88
068.	여송지성 · 소나무같이 무성하리라 89
069.	천류불식 · 냇물은 흘러 쉬지 않고 90
070.	연징취영 · 못이 맑으면 비치는 것을 취할 수 있다 91

4장

현명한 삶의 지혜

071.	용지약사 · 행동거지는 생각하는 듯이 하고 94
072.	언사안정 · 말씨는 안정되어야 한다 95
073.	독초성미 · 처음을 독실하게 하는 것이 참으로 아름다우나 96
074.	신종의령 · 마무리를 삼가 마땅히 좋게 하라 97
075.	영업소기 · 영화로운 사업의 기본이니 98
076.	자심무경 · (좋은 이름이) 널리 퍼져 끝없으리라 99
077.	학우등사 · 배우고 여력이 있으면 벼슬에 올라 100
078.	섭직종정 · 직책을 가지고 정사에 종사한다 101
079.	존이감당 · (소공이) 감당나무 아래에 머무니 102
080.	거이익영 · 떠남에 더욱 (감당시를) 읊는다 103
081.	악수귀천 · 음악은 귀천에 따라 다르고 104
082.	예별존비 · 예절은 높고 낮음을 분별한다 105
083.	상화하목 · 위에서 화하면 아래에서도 목하고 106
084.	부창부수 · 남편이 앞서면 아내가 따른다 107
085.	외수부훈 · 밖에서 스승의 가르침을 받고 108
086.	입봉모의 · 들어와서 어머니의 거동을 받든다 109
087.	제고백숙 · 모든 고모와 백부, 숙부는 110
088.	유자비아 · (조카를) 자식같이 대하고 자식에 비긴다 111
089.	공회형제 · 깊이 생각해 주는 형과 아우는 112
090.	동기련지 · 기운이 같고 가지가 이어져 있다 113
091.	교우투분 · 벗을 사귀어 정분을 나누고 114
092.	절마잠규 · 절차탁마하여 경계하고 깨우친다 115
093.	인자은측 · 인자하고 측은하게 여기는 마음을 116
094.	조차불리 · 잠시도 떠나지 말아라 117
095.	절의염퇴 · 절개의 의리와 청렴과 물러남은 118
096.	전패비휴 · 넘어지고 자빠지는 순간에도 이지러뜨릴 수 없다 119
097.	성정정일 · 성품이 고요하면 감정도 편안해지고 120
098.	심동신피 · 마음이 흔들리면 정신도 피로해진다 121
099.	수진지만 · 참을 지키면 의지가 충만해지고 122
100.	축물의이 · 사물을 쫓으면 뜻이 옮겨진다 123

	101.	견지아조 · 바른 지조를 굳게 잡으면 124
	102.	호작자미 · 좋은 벼슬이 저절로 따른다 125

5장 위대한 제국을 세우다		
	103.	도읍화하 · 중화의 도읍은 128
	104.	동서이경 · 동쪽과 서쪽의 두 서울이다 129
	105.	배망면락 · 망산을 뒤에 두고 낙수를 바라보며 130
	106.	부위거경 · 위수에 뜨고 경수에 웅거한다 131
	107.	궁전반울 · 궁전이 빽빽하게 들어찼고 132
	108.	누관비경 · 누관은 날아가는 듯, 놀라 모양을 바꾸는 듯하다 133
	109.	도사금수 · 새와 짐승을 그리고 134
	110.	화채선령 · 신선과 신령을 그려 색칠하였다 135
	111.	병사방계 · 병사를 옆에 열어 놓았고 136
	112.	갑장대영 · 갑장도 기둥 사이에 마주하고 있다 137
	113.	사연설석 · 자리를 펴고 방석을 늘어놓았으며 138
	114.	고슬취생 · 비파를 타고 생황을 분다 139
	115.	승계납폐 · 섬돌로 오르고 섬뜰로 들어가니 140
	116.	변전의성 · 고깔의 구슬 움직임이 별인가 의심된다 141
	117.	우통광내 · 오른쪽으로는 광내와 통하고 142
	118.	좌달승명 · 왼쪽으로는 승명과 통한다 143
	119.	기집분전 · 이미 삼분과 오전을 모으고 144
	120.	역취군영 · 또한 뭇 영재들을 모았다 145
	121.	두고종례 · 두조의 초서와 종요의 예서이고 146
	122.	칠서벽경 · 옻칠로 쓴 벽 속의 경시이다 147
	123.	부라장상 · 부에는 장수와 재상이 벌여 있고 148
	124.	노협괴경 · 길 양옆에는 괴와 경이 늘어서 있다 149
	125.	호봉팔현 · 호로 팔현을 봉해 주었고 150
	126.	가급천병 · 가에는 천병을 주었다 151
	127.	고관배련 · 높은 관으로 (임금의) 연을 모시고 152
	128.	구곡진영 · 수레를 몰면 끈이 흔들린다 153
	129.	세록치부 · 대대로 녹을 받아 사치하고 부유하니 154
	130.	거가비경 · 수레와 말이 살찌고 가볍다 155
	131.	책공무실 · 공적을 기록하여 실적을 힘쓰게 하고 156
	132.	늑비각명 · 비석에 만들어 명문을 새긴다 157

6장 걸출한 영웅들의 역사

133. 반계이윤 · 반계와 이윤은 160
134. 좌시아형 · 때를 도운 재상이다 161
135. 엄택곡부 · 문득 곡부에 집을 지으니 162
136. 미단숙영 · 단이 아니면 누가 지었으랴 163
137. 환공광합 · 환공은 바로잡고 규합하여 164
138. 제약부경 · 약한 자를 구제하고 기우는 나라를 붙들었다 165
139. 기회한혜 · 기리계는 한나라 혜제를 돌려놓았고 166
140. 열감무정 · 부열은 무정을 감동시켰다 167
141. 준예밀물 · 준수하고 재주있는 자들이 경륜을 치밀하게 하니 168
142. 다사식녕 · 많은 선비들이 있어 나라가 편안하다 169
143. 진초갱패 · 진나라와 초나라가 번갈아 패권을 잡았고 170
144. 조위곤횡 · 조나라와 위나라는 연횡으로 곤궁해졌다 171
145. 가도멸괵 · 길을 빌려 괵나라를 멸망시키고 172
146. 천토회맹 · 천토에 모여 맹세했다 173
147. 하준약법 · 소하는 간략한 법을 따랐고 174
148. 한폐번형 · 한비자는 번거로운 형벌로 피폐하였다 175
149. 기전파목 · 백기, 왕전, 염파, 이목은 176
150. 용군최정 · 군대 쓰기를 가장 잘했다 177
151. 선위사막 · 사막까지 위력을 선양하고 178
152. 치예단청 · 단청으로 (얼굴을) 그려 명예를 드날렸다 179
153. 구주우적 · 아홉 주는 우임금의 자취이고 180
154. 백군진병 · 일백 고을을 진나라가 합병하였다 181
155. 악종항대 · 오악은 항산과 대산을 종주로 하고 182
156. 선주운정 · 봉선은 운운산과 정정산에서 주로 하였다 183
157. 안문자새 · 안문과 자새요 184
158. 계전적성 · 계전과 적성이다 185
159. 곤지갈석 · 곤지와 갈석이요 186
160. 거야동정 · 거야와 동정이다 187
161. 광원면막 · 광막하고 아득히 멀며 188
162. 암수묘명 · 바위와 묏부리가 높이 솟고 물이 아득하고 깊다 189

7장 평안한 삶을 위한 가르침

163. 치본어농 · 다스림은 농사를 근본으로 하여 192
164. 무자가색 · 심고 거둠을 힘쓰게 하는 것이다 193
165. 숙재남묘 · 비로소 남쪽 이랑에서 일하고 194
166. 아예서직 · 우리의 기장과 조를 심었다 195
167. 세숙공신 · 익은 곡식으로 세금 내고 새로운 물건 바치며 196
168. 권상출척 · 권하고 상주며 내치고 올려준다 197
169. 맹가돈소 · 맹가는 본바탕을 돈독히 닦았으며 198
170. 사어병직 · 사어는 직간을 잘하였다 199
171. 서기중용 · 거의 중용에 이르려면 200
172. 노겸근칙 · 수고하고 겸손하며 삼가고 경계하라 201
173. 영음찰리 · 소리를 듣고 이치를 살피며 202
174. 감모변색 · 모습을 보고 기색을 분별한다 203
175. 이궐가유 · 그 아름다운 계책을 물려주니 204
176. 면지지식 · 공경스럽게 (좋은 도를) 심기에 힘쓰라 205
177. 성궁기계 · 몸을 반성해서 살피고 경계하며 206
178. 총증항극 · 은총이 더하면 극에 이를까 걱정하라 207
179. 태욕근치 · 위태로움과 욕을 당하여 치욕에 가까우니 208
180. 임고행즉 · 숲 우거진 언덕으로 나아가야 한다 209
181. 양소견기 · 두 소씨는 기미를 알아보았으니 210
182. 해조수핍 · 인끈을 풀고 (물러감을) 누가 핍박하랴 211
183. 삭거한처 · 한가롭게 거처하며 212
184. 침묵적요 · 침묵을 지키고 고요하게 산다 213
185. 구고심론 · 옛것을 구하여 찾고 의논하며 214
186. 산려소요 · 잡된 생각은 흩어버리고 노닌다 215
187. 흔주누견 · 기쁜 일은 아뢰고 나쁜 일은 보내면 216
188. 척사환초 · 슬픔이 떠나고 기쁨이 온다 217
189. 거하적력 · 개천의 연꽃은 곱고 분명하며 218
190. 원망추조 · 동산의 풀은 가지가 뻗어오른다 219
191. 비파만취 · 비파나무는 늦도록 푸르고 220
192. 오동조조 · 오동나무는 일찍 시든다 221
193. 진근위예 · 묵은 뿌리가 (땅에) 쌓이고 덮이며 222
194. 낙엽표요 · 떨어진 잎이 이리저리 흩날린다 223
195. 유곤독운 · 노니는 곤어는 홀로 (바다에서) 움직이다가 224
196. 능마강소 · 붕새가 되어 붉은 하늘을 능멸하여 만진다 225
197. 탐독완시 · 글 읽기를 즐겨 저자에서 책을 보니 226
198. 우목낭상 · 눈을 (책에) 붙이면 주머니와 상자에 (책을) 담아둔 것 같았다 227

199. 이유유외 · 말을 쉽고 가볍게 하는 것은 (군자가) 두려워하는 바이니 228
200. 속이원장 · 귀가 담장에 붙어 있다 229
201. 구선손반 · 반찬을 갖추어 밥을 먹으니 230
202. 적구충장 · 입에 맞아 창자를 채운다 231
203. 포어팽재 · 배부르면 요리한 고기도 싫다 232
204. 기염조강 · 굶주리면 지게미와 겨도 배부르게 먹는다 233
205. 친척고구 · 친척과 옛 친구는 234
206. 노소이량 · 늙고 젊음에 따라 음식을 달리한다 235
207. 첩어적방 · 첩은 길쌈을 하고 236
208. 시건유방 · 장막 친 방에서 수건으로 시중들어 모신다 237
209. 환선원결 · 비단 부채는 둥글고 깨끗하며 238
210. 은촉위황 · 은빛 촛불은 빛나고 환하다 239
211. 주면석매 · 낮에 졸고 저녁에 자니 240
212. 남순상상 · 푸른 대나무와 코끼리 뼈로 만든 침상이다 241
213. 현가주연 · 거문고를 켜고 노래하며 술로 잔치하고 242
214. 접배거상 · 잔을 잡고 들어 권한다 243
215. 교수돈족 · 손을 들고 발을 구르니 244
216. 열예차강 · 기쁘고 또 편안하다 245
217. 적후사속 · 적자로 뒤를 잇고 246
218. 제사증상 · 제사에는 증과 상이 있다 247
219. 계상재배 · 이마를 조아리며 두 번 절하고 248
220. 송구공황 · 두려워하며 공경한다 249
221. 전첩간요 · 편지는 간단하고 긴요해야 하며 250
222. 고답심상 · 묻고 답함은 살피고 자세해야 한다 251
223. 해구상욕 · 몸에 때가 있으면 목욕할 것을 생각하고 252
224. 집열원량 · 뜨거운 것을 잡으면 서늘해지기를 바란다 253
225. 여라독특 · 나귀와 노새와 송아지와 수소가 254
226. 해약초양 · 놀라 뛰고 달린다 255

8장 세상의 이치에 대하여

227. 주참적도 · 도적을 처벌하여 베고 258
228. 포획반망 · 배반하고 달아난 자를 잡는다 259
229. 포사료환 · 여포는 활을 잘 쏘고 웅의료는 탄환을 잘 놀렸으며 260
230. 혜금완소 · 혜강은 거문고를 잘 타고 완적은 휘파람을 잘 불었다 261
231. 염필륜지 · 몽염은 붓을 만들고 채륜은 종이를 만들었으며 262
232. 균교임조 · 마균은 기교가 있었고 임공자는 낚시질했다 263
233. 석분리속 · 어지러움을 풀고 세속을 이롭게 하니 264
234. 병개가묘 · 아울러 모두 아름답고 묘하다 265
235. 모시숙자 · 모장과 서시는 자태가 아름다워 266
236. 공빈연소 · 공교롭게 찡그리고 웃었다 267
237. 연시매최 · 세월은 화살같이 늘 재촉하고 268
238. 희휘낭요 · 햇빛은 밝게 빛난다 269
239. 선기현알 · 선기옥형은 달려 있는 채 돌고 270
240. 회백환조 · 어두워졌다 다시 밝아져 순환하며 비춘다 271
241. 지신수우 · 나무 섶을 가리켜 선행을 닦아 복이 옴을 비유하니 272
242. 영수길소 · 길이 편안하고 길상이 높아지리라 273
243. 구보인령 · 걸음을 바르게 하며 옷차림을 단정히 하고 274
244. 부앙낭묘 · 낭묘에 오르고 내린다 275
245. 속대긍장 · 띠를 묶고 긍지를 지녀 씩씩하게 276
246. 배회첨조 · 배회하면 사람들이 우러러본다 277
247. 고루과문 · 고루하고 들은 것이 적으면 278
248. 우몽등초 · 어리석고 몽매한 자처럼 꾸중을 듣는다 279
249. 위어조자 · 어조사라 이르는 것은 280
250. 언재호야 · 언, 재, 호, 야다 281

1장

하늘과 땅의 이치

001. 하늘은 검고 땅은 누르며

天 | 地 | 玄 | 黃
하늘 천　땅 지　검을 현　누를 황

此는 言天地之始也라 易曰 天玄而地黃이라 하니
天覆於上而其色玄하고 地載於下而其色黃也일새니라
차는 언천지지시야라 역왈 천현이지황이라 하니
천복어상이기색현하고 지재어하이기색황야일새니라

이는 하늘과 땅의 시초를 말한 것이다. 《주역周易》〈곤괘坤卦 문언전文言傳〉에 이르기를 "하늘은 검고 땅은 누렇다"라고 했으니, 하늘은 위에서 덮고 있으면서 그 색깔이 검고, 땅은 아래에서 싣고 있으면서 그 색깔이 누렇기 때문이다.

⋯

《천자문》의 글자는 숫자처럼 쓰이기도 했다. 호조(인구조사, 세금, 재물과 식량 관리 등을 담당하던 곳)처럼 창고가 많은 관청에서는 창고 순서를 천天, 지地, 현玄, 황黃으로 매겼으며, 임진왜란 중에 사용했던 총포의 이름도 천자총, 지자총, 현자총 등으로 붙였다.
현玄은 멀고도 깊게 보이는 빛을 말하니, '하늘이 검다'는 말보다는 '까마득하다'는 해석이 더 어울린다.

002. 우주는 넓고도 크다

宇 宙 洪 荒
집우   집주   넓을홍   거칠황

天地之內를 橫說則爲上下四方이요 竪說則爲往古來今이니
洪廣而荒遠하여 無涯涘하며 無終極也라
천지지내를 횡설즉위상하사방이요 수설즉위왕고래금이니
홍광이황원하여 무애사하며 무종극야라

천지의 안을 횡橫으로 말하면 상하上下 사방四方인 우宇가 되고, 종縱으로 말하면 왕고往古와 내금來今인 주宙가 되니, 넓고도 멀어서 가없이 너르고 끝없이 길다.

· · · ·

위의 주해에서 횡橫은 공간적인 개념이고, 종縱은 시간적인 개념이다. 여러 지식인의 지식을 집대성한 백과사전인 《회남자淮南子》〈제속훈齊俗訓〉에도 "옛날부터 지금까지를 주宙라 하고, 사방과 상하를 우宇라고 한다" 하였다. 황荒은 풀도 나지 않는 거친 땅을 의미하나, 여기에서는 멀다는 뜻으로 썼다.

뛰어난 문장가이자 성리학의 대가인 김인후金麟厚는 다섯 살 때 아버지 김령金齡에게서 《천자문》을 배우고는 '넓고 아득한 우주에 큰 사람이 산다宇宙洪荒大人居우주홍황대인거.'라는 시를 지어 사람들을 놀라게 했다. 우宇도 집이고 주宙도 집이니, 그렇게 큰 집이라면 당연히 큰 사람이 살 것이라고 생각한 것이다. 다섯 살 아이의 상상력이 얼마나 크고 넓은지 알 수 있다.

003. 해와 달은 차고 기울며

日 | 月 | 盈 | 昃
날 일　달 월　찰 영　기울 측

易曰 日中則昃이요 月盈則虧라 하니 日은 一日之內에 中而昃이요
月은 一月之內에 盈而虧하여 經緯錯綜이 如環無端이라

역왈 일중즉측이요 월영즉휴라 하니 일은 일일지내에 중이측이요
월은 일월지내에 영이휴하여 경위착종이 여환무단이라

《주역》〈풍괘豊卦〉에 이르기를 "해는 중천에 뜨면 기울고, 달은 차면 이지러진다"라고 하였다. 해는 하루 동안 중천에 떴다가 기울고, 달은 한 달 동안 찼다가 이지러져, 이리저리 왔다 갔다 하는 것이 고리가 끝이 없음과 같다.

004. 별과 별자리는 벌여 있다

辰 宿 列 張

별이름 **진**　별 **수**　벌일 **열**　베풀 **장**

周天之度를 分爲十二次하니 是爲辰이요
而日月會를 分爲二十八次하니 而二十八宿가 行環列而分張也라
주천지도를 분위십이차하니 시위진이요
이일월회를 분위이십팔차하니 이이십팔수가 행환렬이분장야라

천체天體의 도수度數를 나누면 12방위가 되니 이것이 진辰이다. 해와 달이 만나는 곳을 나누면 28자리가 되니, (그 자리에 해당하는) 28수宿가 순환 운행하여 벌여 있다.

· · ·

진(辰, 원음 신)이란 별이 자리 잡고 있는 허공이다. 그러나 주자朱子는 "12진의 도를 합하면 365도 4분의 1이 된다"고 했다. 결국 진辰은 별들이 자리한 곳뿐만이 아니라, 온 하늘을 말한다.

수宿는 흔히 '잘 숙'이라는 글자로 알려져 있는데, 《석명釋名》에서는 '자다'와 '별'을 연결지어 "숙宿은 자는 것인데, 별들이 각기 제자리에 자리 잡은 것이다."라고 설명한다. 《주해》에서는 열성(列星, 하늘의 수많은 별)이라고도 했다. 이는 곧 한 자리에 여러 별들이 펼쳐져 있는 모습, 별자리를 뜻한다.

주해에서 '해와 달이 만나는 곳을 나누면 28자리가 된다'고 설명하는 이유는 동양에서는 하늘에 별자리가 28개 있다고 생각했기 때문이다. 마지막 글자 장張은 28개의 별자리가 하늘에 펼쳐진 것을 나타내는 말이다.

005. 추위가 오면 더위는 가고

寒 | 來 | 暑 | 往
찰한 올래 더울서 갈왕

易曰 寒往則暑來하고 暑往則寒來하니 往者는 屈也요 來者는 信也라 하니라
역왈 한왕즉서래하고 서왕즉한래하니 왕자는 굴야요 내자는 신야라 하니라

《주역》〈계사전繫辭傳〉에 이르기를 "추위가 가면 더위가 오고 더위가 가면 추위가 오니, 가는 것은 굽히는 것이요 오는 것은 펴는 것이다"라고 하였다.

・・・

단순히 계절의 변화를 이야기하는 구절처럼 보이지만, 주해에서 언급한 《주역》의 "추위가 가면 더위가 오고 더위가 가면 추위가 오니"라는 문장을 보면 사실 '한래서왕'은 동양 세계관의 주요 원리인 '순환'의 법칙을 나타내는 구절임을 알 수 있다.

춘하추동春夏秋冬뿐만 아니라, 쓴 것 뒤에 단 것이 온다는 뜻의 '고진감래苦盡甘來', 즐거움 다음에 슬픔이 온다는 뜻의 '흥진비래興盡悲來', 만남 뒤에는 반드시 헤어짐이 있다는 뜻의 '회자정리會者定離' 모두 만물의 변화를 나타내는 순환 구조이다.

006. 가을에는 거두고 겨울에는 간직해둔다

秋 收 冬 藏
가을 추　거둘 수　겨울 동　감출 장

萬物이 春生夏長하여 秋而成熟則斂而收之하고 冬而肅殺則閉而藏之하나니라
만물이 춘생하장하여 추이성숙즉렴이수지하고 동이숙살즉폐이장지하나니라

만물이 봄에 나고 여름에는 자라, 가을에 익으면 거두어들이고, 겨울에 추워서 말라 죽게 되면 닫아 간직한다.

· · ·

사마천은 《사기》 〈태사공자서太史公自序〉에서 "봄에 나서 여름에 자라고, 가을에 거두고 겨울에 간직하는 것은 천도의 큰 줄거리이다. 이에 순종하지 않으면 천하의 기강을 세울 수 없다"고 했다.

'추수동장'은 언뜻 보면 사람이 가을에 곡식을 거둬들여 겨울에 저장한다는 뜻으로도 볼 수 있지만, 사실 앞 구절인 '한래서왕'과 이어서 본다면 끊임없이 순환하는 천지 기운의 움직임을 설명한 말이라고 볼 수도 있다.

즉 이 문장의 주어는 사람이 아니라 천지자연의 기운이다. 그래야만 시간의 흐름에 대해 설명하는 다음 구절 '윤여성세'와도 뜻이 이어진다.

007. 윤달이 남아 해를 이루고

閏 | 餘 | 成 | 歲
윤달 윤   남을 여   이룰 성   해 세

一歲는 十二朔 二十四氣로되 氣盈朔虛하여 積三十二朔이면 則爲二十九日餘라
以置閏而定四時成歲矣니라
일세는 십이삭 이십사기로되 기영삭허하여 적삼십이삭이면 즉위이십구일여라
이치윤이정사시성세의니라

1년은 열두 달에 스물네 절기인데, 절기는 꽉 차고 월삭月朔은 모자라서 서른두 달이 모이면 스물아홉 날이 남는다. 이것으로 윤달을 두어 사시를 정하고, 한 해를 이룬다.

...

성군으로 이름난 요임금의 업적을 담은 《서경》〈요전堯典〉에도, "1년은 366일이니, 윤달을 만들어서 네 계절을 정하고 한 해를 이루면, 백공百工*이 잘 다스려지고 여러 가지 공이 다 빛나게 될 것이다"고 하였다.

▶ *농사나 물품 생산을 담당하는 여러 장인들.

008. 율과 여로 음양을 조리한다

律 呂 調 陽
곡조 율   곡조 려   고를 조   볕 양

六律爲陽이요 六呂爲陰이라 先王이 考音樂하여 定律呂하니
則陰陽調而萬物理矣요 擧陽則陰在中이라
육률위양이요 육려위음이라 선왕이 고음악하여 정율려하니
즉음양조이만물리의요 거양즉음재중이라

육률六律은 양이고, 육려六呂는 음이다. 선왕이 음악을 상고하여 율려律呂를 정하였으니, 음양이 조화되어 만물이 다스려지고, 양을 들면 음은 그 가운데 있다.

· · ·

《문선文選》〈위도부魏都賦〉에 "찬 골짜기에 자란 기장▶, 음악 소리로 따뜻하게 해준다"고 했다. 이처럼 율려조양律呂調陽은 제철에 맞는 곡조를 써서 음양의 기운을 조화시킨다는 뜻이니, 과일은 제철에 먹어야 맛이 있는 것과 같다. 시간만이 아니라 공간도 조화를 이루어야 하니, 흔히 쓰는 신토불이身土不二도 이러한 바탕에서 만들어진 말이다.

▶ 볏과의 한해살이풀. 떡, 술, 엿, 빵의 재료나 가축의 사료로 쓰인다.

009. 구름이 올라 비를 이루고

雲 | 騰 | 致 | 雨
구름 운 　오를 등 　이를 치 　비 우

山澤出雲하여 雲凝而騰則致雨하니 此는 言雲雨之相仍也라
산택출운하여 운응이등즉치우하니 차는 언운우지상잉야라

산과 못에서 구름이 나와 그 구름이 엉겨 올라가면 비를 이루니, 이는 구름과 비가 서로 따라다님을 말한 것이다.

...

뒤의 '노결위상'과 더불어, 물이 순환하는 과정을 통해 자연의 순환원리를 나타내는 구절이다. 《주역》〈건단전乾彖傳〉에도 "구름이 움직이고 비가 내려야 만물이 모양을 이룬다"고 했다. 치致는 《주해 천자문》에 '날일 치(送詣송예, 보내어 이르게 하다)'라고 설명되어 있다. 따라서 '치우致雨'는 '비를 보낸다'는 뜻이다.

010. 이슬이 맺혀 서리가 된다

露 結 爲 霜
이슬 노 맺을 결 할 위 서리 상

夜氣成露하여 露寒而結則爲霜하니 此는 言霜露之相嬗也라
야기성로하여 노한이결즉위상하니 차는 언상로지상선야라

밤공기가 이슬을 이루고, 이슬이 차가워져 맺히면 서리가 되니, 이는 서리와 이슬이 서로 바뀜을 말한 것이다.

・・・

1년 24절기는 춘하추동으로 나뉘는데, 이 네 계절이 끝없이 돌고 또 돈다. 이 흐름에 따라 24절기가 차례로 찾아오면 하늘과 땅의 물 기운의 형태가 바뀐다.

봄이 시작되면 얼음이 녹아 우수雨水가 되었다가, 씨 뿌리는 청명清明이 되면 곡식에 필요한 비인 곡우穀雨가 된다. 가을에는 맑은 이슬 백로白露가 되었다가, 이슬이 차가워지면 한로寒露가 된다. 차가운 이슬 한로寒露는 늦가을에 내리는 서리인 상강霜降이 되며, 서리가 내린 뒤에는 소설小雪과 대설大雪이 찾아온다.

이처럼 하늘에서 땅으로 오르내리는 물 기운에 따라 사람들은 춘분, 하지, 추분, 동지의 계절을 느낀다.

011. 금은 여수에서 나고

金 | 生 | 麗 | 水
쇠금　　날생　　고울여　　물수

麗水는 在雲南省永昌府이라
土人이 取沙於水하여 淘汰百鍊하면 則成金하나니라
여수는 재운남성영창부이라
토인이 취사어수하여 도태백련하면 즉성금하나니라

여수는 운남성 영창부에 있다. 그곳 사람들이 물속에서 모래를 건져내어 백번을 골라내면 금이 된다.

· · ·

여기부터는 지도地道를 말하는 부분이다.
《한비자韓非子》〈내저설內儲說〉에서는 "형남 땅 여수에서 금이 난다"고 했다. 여수의 황금은 보배로 유명하여, 《춘향전》에서도 이를 언급하는 부분이 있다.
이도령이 춘향이를 불러오라고 하자 방자가 춘향이의 도도한 태도 때문에 어려울 것 같다며 거절하는데, 이때 이도령이 이 구절을 인용해 방자를 타이른다.
"방자야! 네가 물각유주物各有主*'를 모르는도다. 형산백옥荊山白玉과 여수황금麗水黃金이 임자 각각 있나니라. 잔말 말고 불러오라."

▶ 모든 물건은 제각기 임자가 있음.

012. 옥은 곤강에서 나온다

玉 | 出 | 崑 | 岡
구슬 옥　날 출　산 이름 곤　산등성이 강

崑은 山名이니 在荊山之陽이라
楚人卞和 得玉於此하여 於成王하니 名和氏璧이라 後爲秦璽하니라
곤은 산명이니 재형산지양이라
초인변화 득옥어차하여 어성왕하니 명화씨벽이라 후위진새하니라

곤崑은 산 이름이니, 형산의 남쪽에 있다. 초나라 사람 변화가 이 산에서 옥을 얻어 성왕에게 바치니, 화씨벽和氏璧이라고 이름했다. 뒤에 진나라가 이것으로 옥새를 만들었다.

· · ·

《한비자》〈화씨편和氏篇〉에는 이런 이야기가 나온다.

> 초나라 사람 변화卞和가 초산에서 옥덩이를 주워 여왕厲王에게 바쳤다. 그러나 옥을 다루는 옥인玉人이 그것을 돌이라고 말하자, 여왕은 화씨가 자기를 속였다고 생각하여, 그 왼쪽 발을 자르게 했다. 무왕武王도 변화가 자기를 속였다고 하여 그 오른쪽 발을 자르게 했다. 문왕文王이 즉위하자, 사흘 밤낮을 통곡하던 변화가 말했다.
> "저는 발 잘린 것을 슬퍼하는 게 아니라, 보옥에다 돌이라고 이름 붙인 것을 슬퍼합니다. 곧은 선비를 거짓말쟁이라고 하니, 이것이 바로 제가 슬퍼하는 까닭입니다."

013. 칼은 거궐이 이름났고

劍 | 號 | 巨 | 闕
칼**검**   이름**호**   클**거**   대궐**궐**

> 巨闕은 劍名이니 歐冶子所造라 越王句踐이 滅吳하고 得寶劒六하니
> 吳鉤湛盧干將莫邪魚腸이요 此其一也라
> 거궐은 검명이니 구야자소조라 월왕구천이 멸오하고 득보검육하니
> 오구담로간장막야어장이요 차기일야라

거궐은 칼 이름이니, 구야자가 만든 것이다. 월왕 구천이 오나라를 멸망시키고 보검 여섯 자루를 얻었는데, 오구, 담로, 간장, 막야, 어장이며, 이것(거궐)이 그 가운데 하나이다.

· · ·

> 환공의 총葱, 태공의 궐闕, 문왕의 녹錄, 장군의 물肳, 합려의 간장·막야·거궐·벽려辟閭 등은 모두 옛날의 좋은 칼들이다. 그러나 이런 좋은 칼도 숫돌에 갈지 않으면 날카롭지 못하다. 또 사람의 힘을 빌지 않으면 아무것도 베지 못한다. - 《순자》〈성악편性惡篇〉

거궐은 오나라 왕 합려가 가지고 있다가, 오나라가 월나라에게 멸망하면서 월나라 왕 구천에게 넘어간 것으로 추측된다. 그러나 《태평어람》에는 월왕이 구야자를 불러다가 거궐을 만들었다고 했으니 확실치 않다.

014. 구슬은 야광을 일컫는다

珠 | 稱 | 夜 | 光
구슬 주 　일컬을 칭　 밤 야　 빛 광

夜光은 珠名이라 春秋時에 隨侯活龍子한대 報以徑寸珠하니
照夜如晝라 獻于楚王하니 王大悅하여 數世에 不加兵於隨하니라
야광은 주명이라 춘추시에 수후활룡자한대 보이경촌주하니
조야여주라 헌우초왕하니 왕대열하여 수세에 불가병어수하니라

야광은 진주의 이름이다. 춘추시대에 수나라 임금이 용의 아들을 살려주자, (용이) 지름이 한 치나 되는 진주를 주어 그 은혜를 보답했다. (진주가) 빛나 밤에도 대낮같이 환했다. (이 진주를) 초왕에게 바치자 왕이 크게 기뻐하여, 몇 대가 지나도록 수나라에 쳐들어가지 않았다.

· · ·

> 남쪽 바다에 구슬이 있는데 바로 고래의 눈이다. 이것으로 밤에도 물건을 비추어 볼 수 있기 때문에 야광주夜光珠라고 한다. -《술이기逃異記》

야광주는 밤에도 빛을 잃지 않았다는 전설 속 구슬이다.《술이기》는 위진남북조 남제 때, 천문역법가, 과학자, 수학자, 문학가로 활약한 조충지祖沖之가 편찬한 귀신·요괴·이물·몽환·요징謠徵·점복 등을 주요 내용으로 하는 지괴소설이다.

015. 과일은 오얏과 벚을 보배로 여기고

果 | 珍 | 李 | 柰
실과 **과** 　 보배 **진** 　 오얏 **리** 　 벚 **내**

李有佳品하니 晉王戎은 恐人傳種하여 鑽其核이요
柰名蘋婆니 甘如蘋實하고 涼州柰는 可作脯하니 皆果之貴者라
이유가품하니 진왕융은 공인전종하여 찬기핵이요
내명빈파니 감여빈실하고 량주내는 가작포하니 개과지귀자라

오얏에 좋은 품종이 있었는데, 진나라 왕융은 남들이 이 종자를 전할까 염려하여 씨에 구멍을 뚫었다. 벚은 빈파라고도 하는데, 달기가 마름 같다. 양주에서 나는 벚은 포脯로도 만들 수 있으니, 모두 진귀한 과일이다.

∴

> 벚에는 세 가지가 있는데, 백내, 자내, 녹내가 있다. -《서경잡기西京雜記》
>
> 곤륜산에 벚나무가 있는데 겨울에 푸른 열매가 달린다. 옥정수玉井水로 씻어서 먹으면 뼈가 가볍고 부드러워져, 하늘로 뛰어오를 수 있다. -《습유기拾遺記》

《본초本草》에 "오얏에는 녹리, 황리, 자리, 우리, 수리가 있는데, 모두 맛이 좋아 먹을 만하다"고 했다. 한나라 무제의 상원에는 일곱 가지 오얏나무가 있었다고 한다.

016. 채소는 겨자와 생강을 중하게 여긴다

菜 | 重 | 芥 | 薑
나물 채　무거울 중　겨자 개　생강 강

芥能溫胃行氣하고 薑能通神明 去穢惡하니 菜非一種이로되 而重此二者하나니라
개능온위행기하고 강능통신명 거예악하니 채비일종이로되 이중차이자하나니라

겨자는 위장을 따뜻하게 하고 기운을 움직이게 하며, 생강은 신명을 통하게 하고 악취를 제거한다. 채소는 한 종류가 아니지만, 이 두 가지를 소중하게 여긴다.

· · ·

공자孔子는 생강을 매일같이 먹었다고 한다. 다만 《논어》〈향당鄕黨〉편을 보면 공자는 좋아하는 음식도 많이 먹지 않고 절제했다.

> "상 위에 고기가 많더라도 밥보다 많이 들지 않고, 술은 얼마든지 들되 취하여 어지러운 지경에까지 이르지 않았다. 파는 술과 시장바닥의 포를 먹지 않고, 생강은 가리지 않고 먹었지만 많이 먹지는 않았다."

한편 겨자는 예부터 향신료로 많이 쓰였다.

> 겨자는 곳곳에서 난다. 푸른 겨자는 배추처럼 생겼는데 털이 났고 몹시 맵다. 자줏빛 겨자는 줄거리와 잎이 모두 자줏빛이어서 보기에 예쁘다. 이것으로 양념을 만들어 먹으면 맛이 있다. - 《본초》

017. 바닷물은 짜고 하수는 담박하며

海 | 鹹 | 河 | 淡
바다 해　짤 함　물 하　맑을 담

海는 爲衆水所歸하여 積而不散하여 潤下作鹹하고
河源은 出於崑崙하여 諸水不侵하여 其味最淡하니 莫非理也라
해는 위중수소귀하여 적이불산하여 윤하작함하고
하원은 출어곤륜하여 제수불침하여 기미최담하니 막비리야라

바다는 여러 물이 흘러들어 쌓이고 흩어지지 않으므로 (소금기가) 아래로 모여 짜게 되며, 황하의 근원은 곤륜산에서 나와 여러 물이 침입하지 않으므로 그 맛이 가장 담박하니, 이치 아닌 게 없다.

...

중국에 큰 강이 두 개 있는데, 그중 하河는 북쪽에 있는 황하이고, 강江은 남쪽에 있는 장강長江, 즉 양자강揚子江이다. 공자의 제자 유약有若은 스승 공자를 이렇게 표현했다.

> "짐승 가운데 기린, 새 가운데 봉황, 언덕 가운데 태산, 도랑 가운데 하해河海와 같은 류이다. 일반 사람 가운데 성인도 역시 같은 류이다. 그러나 우리 선생님은 그 동류 가운데서도 뛰어났고, 그러한 무리 가운데서도 빼어났다. 사람이 생겨난 이래로 공자보다 더 훌륭한 사람은 없었다."

018. 비늘 있는 것은 물속에 잠기고 깃 있는 것은 공중을 난다

鱗 潛 羽 翔
비늘 인   잠길 잠   깃 우   날 상

記曰 鱗蟲三百六十에 龍爲長이요 羽蟲三百六十에 鳳爲長이라 하니
鱗蟲藏於水와 羽蟲飛於空은 皆其性也라
기왈 인충삼백육십에 룡위장이요 우충삼백륙십에 봉위장이라 하니
인충장어수와 우충비어공은 개기성야라

《예기》에 이르기를 "비늘이 있는 동물은 360가지인데 그 가운데 용이 으뜸이고, 깃이 달린 동물도 360가지인데 그 가운데 봉이 으뜸이다"라고 했다. 비늘이 있는 동물이 물 속에 잠겨 있고 깃이 달린 동물이 공중에 나는 것은 모두 그 동물의 천성이다.

・・・

《시경》 대아大雅 〈한록旱麓〉편에 "솔개는 날아서 하늘에 이르고, 물고기는 뛰며 연못에 노네鳶飛戾天 魚躍于淵"라는 구절이 있다. 이는 주나라 임금의 덕을 기린 시이다. 솔개가 하늘로 나는 것이나 물고기가 연못에서 뛰는 것이 모두 자연스러운 도道의 작용이어서, 군자의 덕화德化가 천지간 어디에나 미치는 평화로운 상태를 노래한 것이다.

2장

옛 성군들의 역사

019. 관사를 용이라 이름한 임금과 불을 숭상한 임금이 있으며

龍 | 師 | 火 | 帝
용용　스승사　불화　임금제

伏羲以龍紀官師하니 如蒼龍氏司長養하고 白龍氏主肅殺이 是也라
神農은 有火瑞하여 以火紀官이라 故로 曰火帝라
복희이룡기관사하니 여창룡씨사장양하고 백룡씨주숙살이 시야라
신농은 유화서하여 이화기관이라 고로 왈화제라

복희씨는 용龍으로 관직을 표기하였으니, 창룡씨가 만물을 기르는 것을 주관하고, 백룡씨가 만물을 죽이는 것을 주관한 경우가 바로 이것이다. 신농씨는 불의 상서로움이 있어 불로 관직을 표기하였기 때문에 화제火帝라 하였다.

∴

여기부터는 천지天地와 우주宇宙에 이어, 역사歷史를 말한다.
복희씨와 신농씨는 중국의 신화적 인물인 삼황오제 중, 삼황에 해당하는 인물들이다. 특히 신농씨는 농사를 주관하는 존재였기 때문에, 조선의 왕들 역시 봄과 가을에 '선농단'이라는 곳에서 대대로 풍년을 빌며 신농씨에게 제사를 지냈다.

020. 관직을 새로 기록하고 인문을 연 황제가 있다

鳥 官 人 皇
새 조　벼슬 관　사람 인　임금 황

少昊之立에 鳳鳥至라 故로 以鳥紀官하니 如祝鳩司徒 雎鳩司馬是也라
人皇은 黃帝也니 以人文大備故也라
소호지립에 봉조지라 고로 이조기관하니 여축구사도 저구사마시야라
인황은 황제야니 이인문대비고야라

소호가 즉위할 때에 봉황새가 이르렀으므로 새로 관직을 표기하였으니, 사도司徒를 축구祝鳩라 하고 사마司馬를 저구雎鳩라 한 경우가 이것이다. 인황人皇은 황제黃帝이니, 인문이 크게 갖춰졌기 때문이다.

· · ·

공자의 역사서 《춘추》의 해설서인 《좌전》에 중국 고대 오제에 대한 설명이 나온다. 주해에서 말하는 소호와 황제 역시 오제 중 하나이다.

> 옛날 황제씨黃帝氏는 구름을 가지고 기강을 세웠기 때문에 운사雲師라 했고, 염제씨炎帝氏는 불을 가지고 기강을 세웠기 때문에 화사火師라 했다. 공공씨共工氏는 물을 가지고 기강을 세웠기 때문에 수사水師라 했고, 태호씨太昊氏는 용을 가지고 기강을 세웠기 때문에 용사龍師라 하여 용으로 이름을 지었다. 우리 고조高祖는 소호씨가 세워 왕으로 삼았는데, 마침 봉황이 날아와서 새를 가지고 기강을 세웠기 때문에 새로 이름을 지어 조사鳥師라고 했다. -《좌전左傳》

021. 비로소 문자를 만들고

始 | 制 | 文 | 字
비로소 **시**   지을 **제**   글월 **문**   글자 **자**

上古에 無文字하여 結繩爲治러니 伏羲始造書契하여 以代結繩한대
其臣蒼頡이 觀鳥跡而制字하니 爲文字之始라
상고에 무문자하여 결승위치러니 복희시조서계하여 이대결승한대
기신창힐이 관조적이제자하니 위문자지시라

상고시대에 문자가 없었으므로 노끈을 묶어 (표시하여) 다스렸는데, 복희씨가 처음으로 서계(書契, 글자)를 만들어서 노끈으로 묶어 표시하던 것을 대신하였다. 그 신하 창힐은 새의 발자국을 보고 글자를 만드니 이것이 문자의 시초이다.

....

> 나무에 써서 (금액이나 물건 수량을) 그 옆구리에 칼로 새긴 것을 계契라고 하는데, 서로 한 쪽씩 가지고 있다가 후에 서로 맞춰본다. - 《주역》〈계사전繫辭傳 하편〉 정현鄭玄 주
>
> 창힐이 처음으로 글자를 만들었다. 창힐은 태어나면서부터 글을 알았는데, 땅 위에 찍힌 새의 발자국을 모방하여 문자를 만들었다. - 《여씨춘추呂氏春秋》

창힐이 만들었다는 문자가 바로 지금의 한자漢字이다. 하지만 이 일화는 주해나 주역에서 언급되는 결승 기원설(새끼에 매듭을 지어 기록한 것이 시초라는 설)이나 서계 기원설(나무에 새겨 만든 기호인 서계에서 한자가 유래했다는 설)과 마찬가지로 입증된 사실은 아니다.

022. 이에 웃옷과 치마를 입었다

乃 服 衣 裳
이에 내 옷 복 옷 의 치마 상

上古에 無衣裳하여 取木葉皮革以蔽體러니
黃帝爲冠冕衣裳하여 以肅觀瞻하고 以別等威하니 爲衣裳之始라
상고에 무의상하여 취목엽피혁이폐체러니
황제위관면의상하여 이숙관첨하고 이별등위하니 위의상지시라

상고시대에 옷이 없었으므로 나뭇잎과 (짐승의) 가죽을 가지고 몸을 가렸었다. 황제가 관면冠冕과 의상을 만들어 보기에 엄숙하게 하고 (신분의) 등급을 구별하게 하였으니, 이것이 의상의 시초이다.

· · ·

황제가 비로소 옷 입는 법을 만들고, 천자가 입는 옷도 만들었다. - 《공자가어孔子家語》

023. 천자의 자리를 미루어 주고 나라를 사양한 이는

推 | 位 | 讓 | 國
밀 **추**　　자리 **위**　　사양할 **양**　　나라 **국**

言推致天子之位하여 以遜讓其國也라
언추치천자지위하여 이손양기국야라

천자의 자리를 미루어 주어 그 나라를 양보한 것을 말했다.

···

요堯임금이 순舜을 하늘에 추천하자 하늘이 그를 받아들였고, 또 백성들에게 내세우자 백성들도 그를 받아들였다.
… 요임금이 붕어하고 삼년상을 다 마치자, 순은 요임금의 아들 단주를 피해서 남하南河의 남쪽으로 몸을 숨겼다. 그러나 천자를 뵈러 오는 천하의 제후들이 요임금의 아들 단주에게 가지 않고 순에게 갔으며, 재판을 받으려는 사람들도 요임금의 아들에게 가지 않고 순에게 갔다. 또 공덕을 노래하는 자들도 요임금의 아들을 노래하지 않고 순을 노래했다. 그러므로 '하늘이 내렸다'고 하는 것이다. - 《맹자孟子》〈만장萬章 상〉

024. 유우씨와 도당씨이다

有 虞 陶 唐
있을 **유**　우나라 **우**　질그릇 **도**　당나라 **당**

有虞는 帝舜이요 陶唐은 帝堯라 堯子丹朱不肖에 讓於舜하고
舜子商均不肖에 讓於夏禹하시니 此卽推位讓國也라
유우는 제순이요 도당은 제요라 요자단주불초에 양어순하고
순자상균불초에 양어하우하시니 차즉추위양국야라

유우有虞는 순임금이고, 도당陶唐은 요임금이다. 요임금의 아들 단주가 똑똑하지 못하므로 (요임금이) 순에게 임금 자리를 양보하였고, 순임금의 아들 상균이 똑똑하지 못하므로 (순임금이) 우에게 임금 자리를 양보하였다. 이것이 바로 '추위양국推位讓國', 즉 천자의 자리를 미루어 주어 나라를 양보한 예이다.

・・・

요임금과 순임금 역시 '오제' 중 하나로, 삼황오제 중 성군의 대명사처럼 자주 쓰이는 인물들이다. 요임금은 처음에 도陶에 살다가 당唐으로 옮겨 살았으므로, 요임금을 도당陶唐, 또는 당요唐堯라고도 부른다. 순임금은 우에 살았는데 자기가 살던 땅 이름을 성姓으로 삼았으므로, 흔히 우순虞舜이라고도 한다.

025. 백성을 위로하고 죄 있는 자를 친 사람은

弔 | 民 | 伐 | 罪
조문 **조**　백성 **민**　칠 **벌**　허물 **죄**

恤民而慰之曰弔요 聲罪而討之曰伐이라
휼민이위지왈조요 성죄이토지왈벌이라

백성을 구휼하고 위로하는 것을 조^弔라 하고, 죄를 밝혀 치는 것을 벌^伐이라 한다.

...

《서경》에 "탕왕이 첫 번째 정벌을 갈葛나라에서부터 시작했는데, 온 천하 사람들이 옳은 일이라고 믿었다. 탕왕이 동쪽을 향해 정벌하면 서쪽 오랑캐가 원망하였고, 남쪽을 향해 정벌하면 북쪽 오랑캐가 원망하면서 '왜 우리 지방을 나중에 정벌하시나?'라고 말했다."라고 했습니다.
　백성들이 탕왕 기다리기를, 오랜 가뭄에 구름과 무지개를 기다리듯 했습니다. 그래서 탕왕의 군대가 쳐들어와도 시장에 가는 사람이 그치지 않았고, 농사짓는 사람도 그대로 농사를 지었습니다. 그 나라 임금을 죽여서 그 나라 백성을 위로해 주니弔其民, 마치 제때에 비가 내리는 것과 같아서 백성들이 몹시 기뻐했습니다.
－《맹자》〈양혜왕梁惠王 하〉

탕왕은 중국 은나라의 초대 왕으로, '주지육림酒池肉林'이라는 성어가 생길 정도로 폭정과 사치를 일삼던 걸왕을 치고 스스로 왕위에 올랐다.

026. 주나라 (무왕)발과 은나라 탕왕이다

周 | 發 | 殷 | 湯
두루 주 　 베풀 발 　 많을 은 　 끓을 탕

發은 周武王名이요 湯은 殷王號라 禹之後에 桀無道어늘 湯伐之하시고
湯之後에 紂無道어늘 武王伐之하시니 此卽弔民伐罪也라
발은 주무왕명이요 탕은 은왕호라 우지후에 걸무도어늘 탕벌지하시고
탕지후에 주무도어늘 무왕벌지하시니 차즉조민벌죄야라

발發은 주나라 무왕의 이름이고, 탕湯은 은나라 왕의 호號이다. 우임금 뒤에 걸왕桀王이 도가 없으므로 탕왕이 정벌하(여 은나라를 세우)고, 탕왕 뒤에 주왕紂王이 도가 없으므로 무왕이 정벌하(여 주나라를 세웠으)니, 이것이 바로 '조민벌죄弔民伐罪'이다.

・・・

주나라 무왕과 은나라 탕왕은 모두 임금을 끌어내리고 왕위에 올랐기 때문에 군신의 의를 지키지 않았다는 비판을 받기도 했다. 이에 맹자는 아래와 같이 답했다.

> 제나라 선왕이 물었다. "탕왕이 걸왕을 내쫓고 무왕이 주왕을 정벌했다는데, 그런 일이 있었습니까?" 맹자가 대답했다. "전해 내려오는 글에 그런 일이 실려 있습니다." "신하가 자기 임금을 죽여도 괜찮습니까?" "어진 사람을 해치는 자를 적賊이라 하고, 의로운 사람을 해치는 자를 잔殘이라 합니다. 흉폭하고 잔학한 자를 (백성들로부터 고립된) 한 사내一夫라고 합니다. 주紂라는 한 사내를 죽였다는 소리는 들었지만, 자기 임금을 죽였다는 소리는 듣지 못했습니다." - 《맹자》 〈양혜왕 하〉

027. 조정에 앉아 도를 물으니

坐 | 朝 | 問 | 道
앉을 **좌**　조정 **조**　물을 **문**　도리 **도**

人君爲治之要는 只在恭己而坐朝하여 尊賢問道而已라
인군위치지요는 지재공기이좌조하여 존현문도이이라

임금이 다스리는 요체要諦'는 다만 몸을 공손히 하고 조정에 앉아 어진 이를 존경하고 도를 물음에 달려 있을 뿐이다.

∴

《이아爾雅》〈석언釋言〉에 따르면, '아침'을 뜻하는 조朝는 '신하가 임금을 뵙는 일'이라는 뜻으로도 쓰였다.

> 천자가 문 사이에 서 있을 때 제공諸公들은 동쪽을 보고 제후들은 서쪽을 보고 있는 것을 조朝라고 한다. -《예기》〈곡례曲禮 하편〉

▶ 가장 근본적이고 중요한 원리.

028. 옷자락을 늘어뜨리고 손을 맞잡고 있어도 나라가 공평하고 밝게 다스려진다

垂 | 拱 | 平 | 章

드리울 수　꽂을 공　평할 평　밝을 장

書畢命曰 垂拱仰成이라하고 堯典曰 平章百姓이라하니
言恭己尊賢이면 則垂衣拱手라도 而自致均平章明之治也라
서필명왈 수공앙성이라하고 요전왈 평장백성이라하니
언공기존현이면 즉수의공수라도 이자치균평장명지치야라

《서경》〈필명畢命〉에 이르기를 "옷자락을 늘어뜨리고 손을 맞잡은 채로 그 이루어지는 공을 우러러본다" 하였으며, 〈요전堯典〉에 이르기를 "백성을 고루 밝게 다스린다"고 하였으니, (임금이) 몸을 공손히 하고 어진 이를 존경하면 옷자락을 늘어뜨리고 손을 맞잡고만 있어도 저절로 고루 밝게 다스려지는 정치가 이루어짐을 말한 것이다.

・・・

> 강왕康王이 말했다. "주공周公께서는 오직 덕에 힘써, 조그만 일에도 부지런하셨소. 사대四代를 밝게 도와 바른 얼굴빛으로 아랫사람을 거느리고, 스승의 말처럼 공경하지 않는 자가 없게 하셨소. 아름다운 공적이 선왕보다도 많았으니, 나 작은 사람은 옷자락을 늘어뜨리고 손을 맞잡은 채로 그 이루어지는 공을 우러러보기만 할 뿐이었소." - 《서경》〈필명〉

주해에서 말하는 《서경》〈필명〉의 인용구는 바로 이 강왕의 말에서 따온 것이다. 여기에서 강왕은 그야말로 수공평장의 자세를 보이고 있는데, '주공'이라는 어진 이를 존경하면서도, 스스로를 '나 작은 사람小子'이라고 낮추어 이르며 공손한 자세를 보이고 있기 때문이다.

029. 백성을 사랑하여 기르면

愛 | 育 | 黎 | 首
사랑 애　기를 육　검을 여　머리 수

黎首는 猶言黔首니 民也라 民惟邦本이니 人君所當撫愛而養育之也라
여수는 유언검수니 민야라 민유방본이니 인군소당무애이양육지야라

여수黎首는 검수(黔首, 검은 머리)란 말과 같으니, 백성을 가리킨다. 백성은 나라의 근본이니, 임금이 마땅히 어루만지고 사랑하여 길러주어야 한다.

⋯

일반 백성들은 머리에 관을 쓰지 않아 검은 머리가 드러나기 때문에, 백성을 여수, 또는 검수라고 부른다. 여기에서 여黎와 검黔은 모두 검다는 뜻이다. 시대적으로는 주로 주나라(기원전 11세기~3세기) 때 백성을 여수라고 했으며, 이후 진나라(기원전 3세기) 때에는 검수라고 하였다.

> 천하를 나누어 36군郡으로 만들고 군에다 수위감守衛監을 두었으며, 백성들의 이름을 고쳐 검수黔首라고 했다. -《사기》〈진시황본기秦始皇本紀〉

030. 오랑캐들도 신하로 복종한다

臣 | 伏 | 戎 | 羌
신하 신 　 엎드릴 복 　 오랑캐 융 　 오랑캐 강

戎羌은 皆西戎이로되 而此則總四裔言之也라
人君이 德以懷之하고 威以馭之하면 則咸來臣伏也라
융강은 개서융이로되 이차즉총사예언지야라
인군이 덕이회지하고 위이어지하면 즉함래신복야라

융戎과 강羌은 모두 서쪽의 오랑캐인데, 여기서는 사방의 오랑캐를 아울러 말한 것이다. 임금이 덕으로써 달래고 위엄으로써 어거馭車하면 사방이 모두 와서 신하로 복종하게 된다.

・・・

역사적으로 오랑캐란 정벌해야 할 대상이었으나, 여기에서는 무력보다는 임금의 덕을 펼칠 것을 말하고 있다. 군주의 자애로움이 외적의 마음조차 돌릴 수 있는 중요한 미덕임을 말하는 구절이다.

> 동쪽 오랑캐를 이夷라고 하는데, 머리를 풀어 헤치고 문신을 새기며, 음식을 불에 익혀 먹지 않는 자들이다. 남쪽의 오랑캐를 만蠻이라고 하는데, 이마에 문신을 새기고 발가락이 어긋났으며, 음식을 불에 익혀 먹지 않는 자들이다. 서쪽 오랑캐를 융戎이라고 하는데, 머리를 풀어 헤치고 짐승의 가죽으로 옷을 해 입으며, 곡식을 먹지 않는 자도 있다. 북쪽의 오랑캐를 적狄이라고 하는데, 새털과 짐승의 털로 옷을 해 입고 굴속에 살며, 곡식을 먹지 않는 자도 있다. -《예기》〈왕제편王制篇〉

▶ 거느리어 바른길로 나가게 함.

031. 멀고 가까운 곳을 하나로 보아

遐 邇 壹 體
멀 하　가까울 이　한 일　몸 체

自臣工而黎庶와 自中夏而外夷로 無遠無近이 視之如一體也라
자신공이여서와 자중하이외이로 무원무근이 시지여일체야라

신하로부터 백성에 이르기까지, 중화로부터 외이外夷에 이르기까지, 원근을 가리지 않고 하나로 보아야 한다.

· · ·

앞서 오랑캐들도 덕과 사랑으로 대하라고 말한 이유가 바로 이 때문이다. 오랑캐와 내가 다르지 않기 때문이다.

032. 거느리고 와서 복종하여 임금에게 돌아온다

率 賓 歸 王
거느릴 솔　항복 빈　돌아갈 귀　임금 왕

德化遠曁하여 如上文所言이면 則人皆相率而賓服하여 莫不歸往而王之矣라
덕화원기하여 여상문소언이면 즉인개상솔이빈복하여 막불귀왕이왕지의라

덕화가 멀리 미쳐서 윗글에서 말한 것 같이 되면 사람들이 모두 서로 거느리고 와서 복종하여, (왕에게 마음이) 돌아와 왕으로 여기지 않는 자가 없을 것이다.

...

넓은 하늘 아래에　　　　　溥天之下 부천지하
임금의 땅 아닌 곳이 없고　莫非王土 막비왕토
모든 땅의 물가까지　　　　率土之濱 솔토지빈
임금의 신하 아닌 사람이 없건만,　莫非王臣 막비왕신
대부들을 고루 쓰지 않으시어　大夫不均 대부불균
나만 일하느라고 혼자 고생하네.　我從事獨賢 아종사독현
- 《시경》 소아小雅 〈북산北山〉

033. 우는 봉황새는 나무에 있고

鳴 | 鳳 | 在 | 樹
울 명　봉황 봉　있을 재　나무 수

詩曰 鳳凰鳴矣니 梧桐生矣로다하니 蓋鳳은 非梧桐不棲하고
非竹實不食하니 喩吉士之得所止也라 樹는 唐本에 作竹하니라
시왈 봉황명의니 오동생의로다하니 개봉은 비오동불서하고
비죽실불식하니 유길사지득소지야라 수는 당본에 작죽하니라

《시경》〈권아卷阿〉에 이르기를 "봉황새가 우니, 오동나무가 자란다" 하였다. 봉황은 오동나무가 아니면 깃들지 않고, 대나무 열매가 아니면 먹지 않으니, 이는 착한 사람이 머물 곳을 얻음을 비유한 것이다. '수樹'는 중국본에 '죽竹'으로 되어 있다.

...

봉황새가 우네	鳳凰鳴矣 봉황명의
저 높은 산등성이에서.	于彼高岡 우피고강
오동나무가 자라네	梧桐生矣 오동생의
산 동쪽 기슭에서.	于彼朝陽 우피조양
오동나무 우거져서	菶菶萋萋 봉봉처처
봉황새 소리 어우러지네.	雝雝喈喈 옹옹개개
－ 《시경》〈권아〉	

봉황은 태평성대를 상징하는 동물이다. 성군이 다스리는 시대에만 등장한다고 알려져 있기 때문이다.

034. 흰 망아지는 마당에서 풀을 먹는다

白 駒 食 場
흰 백　망아지 구　먹을 식　마당 장

詩曰 皎皎白駒여 食我場苗로다하니 蓋美賢人之來니
其所乘之白駒가 得以暫息於場하여 而食場中之草也라
시왈 교교백구여 식아장묘로다하니 개미현인지래니
기소승지백구가 득이잠식어장하여 이식장중지초야라

《시경》〈백구白駒〉에 이르기를, "새하얀 망아지가 내 마당의 풀을 먹었네" 하였으니, 이는 어진 이가 찾아옴을 찬미한 것이다. 그가 타고 온 흰 망아지가 잠시 마당에서 쉬며 마당 가운데의 풀을 먹는 것을 말한다.

...

새하얀 망아지가	皎皎白駒 교교백구
내 밭의 풀을 먹었네.	食我場苗 식아장묘
붙잡아 매어 놓고	縶之維之 집지유지
이 아침 내내 못 가게 하여,	以永今朝 이영금조
바로 그 사람이	所謂伊人 소위이인
이곳에 와서 소요하게 하리라.	於焉逍遙 어언소요
- 《시경》〈백구〉	

마찬가지로 태평성대의 상징인 흰 망아지는 이인, 즉 어진 사람이 타는 동물이다. 망아지가 우리 마당의 풀을 먹었다는 핑계로 붙잡아 두어 어진 이가 떠나지 못하게 만류하는 뜻을 노래한 시이다.

035. 덕화가 풀과 나무에도 입혀지고

化 | 被 | 草 | 木
될화　이불피　풀초　나무목

極其中和하여 雨暘時若이면 則草木無知而霑被仁化라
詩之美周家日 周王仁厚하여 澤及草木者 是也라
극기중화하여 우양시약이면 즉초목무지이점피인화라
시지미주가왈 주왕인후하여 택급초목자 시야라

그 중화를 지극히 하여 비 오고 해 뜨는 것이 제때에 맞게 되면 풀이나 나무들이 알지 못하면서도 어진 교화를 입게 된다. 《시경》에 주나라 왕실을 찬미하여 이르기를, "주나라 임금이 어질고 후덕하여 은택이 풀과 나무에 미쳤다"고 한 것이 이것이다.

036. 힘입음이 만방에 미친다

賴 | 及 | 萬 | 方
힘입을 **뢰**   미칠 **급**   일만 **만**   모 **방**

如保赤子하여 仁恩覃敷하면 則萬方至廣이나 而罔不永賴라
書之稱夏后曰 烝民乃粒하여 萬方作乂者 是也라
여보적자하여 인은담부하면 즉만방지광이나 이망불영뢰라
서지칭하후왈 증민내립하여 만방작예자 시야라

갓난아이를 보호하듯이 (백성을 아껴) 인덕과 은택이 널리 퍼지면, 만방이 지극히 넓어도 영영 의지하지 않을 수 없다. 《서경》에 하나라 우임금을 칭찬하여 이르기를 "백성이 곡식을 먹어 만방이 다스려졌다"고 한 것이 이것이다.

· · · ·

우禹가 말했다.
"홍수가 하늘에까지 닿아, 질펀한 물이 산을 잠기게 하고 언덕까지 잠기게 했습니다. 백성들은 어찌할 바를 몰라, 물에 빠졌습니다. 저는 수레, 배, 가마, 썰매를 타고 산에 이르러, 나무를 베고 길을 내었습니다. 익益과 함께 여러 가지 날고기 먹는 법을 일러주었습니다. 아홉 지방의 강물을 터서 사해에 이르게 했고, 도랑과 운하를 깊게 파서 강물에 이르게 했습니다. 직稷과 함께 씨 뿌려 어려울 때에 먹는 음식과 생선 먹는 법을 일러 주었습니다. 자기에게 없는 것과 자기에게 있는 것을 힘써 서로 바꾸게 하며, 쌓아둔 곡식들을 날라다 팔게 했습니다. 그렇게 하니 모든 백성들이 곡식을 먹게 되고, 온 나라가 잘 다스려졌습니다烝民乃粒, 萬邦作乂." - 《서경》 〈익직益稷〉

3장

인간의 도리와 군자의 미덕

037. 대개 이 몸과 터럭은

蓋 | 此 | 身 | 髮
대개 개 / 이 차 / 몸 신 / 터럭 발

蓋此는 猶言凡玆也라 人生於世에 莫不具此身體髮膚로되
而其所以爲人者는 則別有在也라
개차는 유언범자야라 인생어세에 막불구차신체발부로되
이기소이위인자는 즉별유재야라

'개차蓋此'는 '범자凡玆 (무릇 이)'란 말과 같다. 사람이 세상에 태어나면서 모두 이 몸과 터럭과 살갗을 갖추고 있는데, (우리가) 사람이 된 까닭은 (여기에 있지 않고) 다른 데 있다.

…

여기부터는 사람이 마땅히 갖춰야 할 덕성과 수양에 대해 말한다.

038. 네 가지 큰 것과 다섯 가지 떳떳함이 있다

四 大 五 常
넉**사**　큰**대**　다섯**오**　떳떳할**상**

> 四大는 天地君親이요 五常은 仁義禮智信이라 人非四大면 無以生이요
> 非五常이면 無以成이니 是乃人之所以爲人也라
> 사대는 천지군친이요 오상은 인의예지신이라 인비사대면 무이생이요
> 비오상이면 무이성이니 시내인지소이위인야라

네 가지 큰 것은 하늘, 땅, 임금, 부모요, 다섯 가지 떳떳한 성품은 인, 의, 예, 지, 신이다. 사람은 네 가지 큰 것이 아니면 태어날 수가 없고, 다섯 가지 떳떳한 성품이 아니면 이룰 수가 없으니, 이것이 바로 사람이 사람된 까닭이다.

...

> 오상五常은 오전五典이니, 아버지는 의로워야 하고, 어머니는 자애로워야 한다. 형은 우애가 있어야 하고, 아우는 공손해야 하며, 자식은 효도해야 한다. -《서경》〈태서泰誓 하편〉 공영달 소疏

위와 같이 《서경》에서는 의자우공효義慈友恭孝를 오상(인간의 다섯 가지 도리)으로 꼽았는데, 오륜도 넓은 의미에서 오상이다.

039. 키워주고 길러주심을 공손히 생각하니

恭 | 惟 | 鞠 | 養
공손공   생각유   칠국   칠양

人之有此身이 莫非父母鞠養之恩이니 爲子者當敬以思之也라
인지유차신이 막비부모국양지은이니 위자자당경이사지야라

사람이 이 몸을 가진 것은 모두 부모께서 길러주신 은혜 아닌 것이 없으니, 자식이 된 자는 마땅히 이 은혜를 공경하며 생각해야 한다.

· · ·

아버님 날 낳으시고	父兮生我 부혜생아
어머님 날 기르시니,	母兮鞠我 모혜국아
쓰다듬으며 길러주시고	拊我畜我 부아휵아
키워주시고 감싸주셨네.	長我育我 장아육아
- 《시경》 〈육아蓼莪〉	

'국'과 '양' 모두 '치다'라는 의미로 풀이되어 있는데, 이는 '양을 치다'처럼 '기른다'는 의미를 지닌다.

040. 어찌 감히 헐고 다치게 하랴

豈 敢 毁 傷
어찌 기　구태여 감　헐 훼　헐 상

孝經曰 身體髮膚는 受之父母라 不敢毁傷이 孝之始也라하니
苟思父母鞠養之恩하면 則其必不敢毁傷矣리라
효경왈 신체발부는 수지부모라 불감훼상이 효지시야라하니
구사부모국양지은하면 즉기필불감훼상의리라

《효경》에 이르기를 "몸과 터럭과 살갗은 부모에게 받은 것이니, 감히 헐거나 다치게 하지 않는 것이 효도의 시작이다" 하였다. (자식이) 만일 부모께서 길러주신 은혜를 생각한다면 감히 몸을 헐거나 다치게 하지 못할 것이다.

...

돌아보시고 되돌아보시며	顧我復我 고아복아
드나들 적마다 되돌아보셨으니,	出入復我 출입복아
그 은혜 갚으려 해도	欲報之德 욕보지덕
하늘과 같아 끝이 없어라.	昊天罔極 호천망극
- 《시경》〈육아蓼莪〉	

'고아복아 출입복아'는 언제나 아이를 살피고 돌보는 부모님의 모습을 나타낸 것이다.

041. 여자는 정렬을 사모하고

女 | 慕 | 貞 | 烈
여자 **여**　사모할 **모**　곧을 **정**　맹렬 **렬**

此下는 言不敢毀傷之道라 女子는 其志貞하고 其行烈然後에 可以不辱其身이라
故로 有如此者면 則必慕之也라
차하는 언불감훼상지도라 여자는 기지정하고 기행열연후에 가이불욕기신이라
고로 유여차자면 즉필모지야라

이 이하는 감히 몸을 헐거나 다치게 하지 않는 도리를 말한 것이다. 여자는 그 뜻이 바르고 그 행실이 강직한 뒤에야 자신의 몸을 욕되지 않게 할 수 있다. 그러므로 이같이 하는 자가 있으면 사람들이 반드시 사모한다.

...

> 더펄머리 양쪽 늘어진 그이가　　髧彼兩髦 담피양모
> 정말 내 남편.　　　　　　　　　實維我儀 실유아의
> 죽어도 다른 마음 안 가지리라.　之死矢靡它 지사시미타
> 어머니는 하늘이건만　　　　　　母也天只 모야천지
> 어찌 내 마음을 몰라주나요.　　　不諒人只 불량인지
> – 《시경》〈백주柏舟〉

위나라 세자 공백共伯이 일찍 죽자 그의 아내 공강共姜이 수절했는데, 친정 부모가 억지로 재혼시키려 했다. 이에 공강은 죽어도 다시 시집가지 않겠다고 굳게 다짐하며 이 시를 지었다고 한다.

042. 남자는 재주와 어짊을 본받아야 한다

男 效 才 良
사내 남　본받을 효　재주 재　어질 량

男子는 才智優하고 忠良著然後에 可以成立이라
故로 有如此者면 則必效之也라 知此二句면 則可以事親矣리라
남자는 재지우하고 충량저연후에 가이성립이라
고로 유여차자면 즉필효지야라 지차이구면 즉가이사친의리라

남자는 재주와 지혜가 뛰어나고 충성스러움과 어짊이 드러난 뒤에야 성인이 될 수 있다. 그러므로 이 같은 자가 있으면 사람들이 반드시 본받는다. 이 두 구절을 알면 어버이를 잘 섬길 수 있을 것이다.

・・・

언뜻 당연한 이야기로 넘길 수 있지만, 이 구절은 재능과 함께 어짊, 즉 인성이 바로 서야 함을 강조하는 구절이다. 재능이 뛰어나다 해도 의롭지 않다면 큰 재앙을 불러오거나 타인에게 큰 해를 끼치게 되기 때문이다.

043. 허물을 알면 반드시 고치고

知 過 必 改
알 지　허물 과　반드시 필　고칠 개

仲由는 喜聞過하여 人有告之以過則喜하니 其聞知而必改之라 可爲百世師也라
중유는 희문과하여 인유고지이과즉희하니 기문지이필개지라 가위백세사야라

중유(자로)는 (자신의) 허물 듣기를 좋아하여 남들이 허물을 말해주면 기뻐했다. 이는 잘못을 들어 알아서 반드시 고치려고 한 것이니, 백세의 스승이라 할 만하다.

・・・

> 자로子路는 남이 자기의 잘못을 일러주면 기뻐했다. 우임금은 남에게 좋은 말을 들으면 절을 했다. 순임금은 그보다 더 대단했다. 남과 함께 선을 행하여, 자기 의견을 버리고 남의 의견을 따랐다. 남의 의견을 받아들여 선을 행하기를 즐겼다. 농사를 짓고 질그릇을 구우며 물고기를 잡던 때부터 황제가 되기까지, 남의 의견을 받아들여 행하지 않은 적이 없었다.
> – 《맹자》〈공손추公孫丑 상〉

자로는 춘추시대 노나라의 정치가로, 공자의 제자이기도 했다.

044. 능력을 얻으면 잊지 말라

得 能 莫 忘
얻을 득 잘할 능 말 막 잊을 망

論語曰 月無忘其所能이 是也라
能而無忘하면 則得愈堅而不失하리니 知此二句면 則可以進學矣리라
논어왈 월무망기소능이 시야라
능이무망하면 즉득유견이불실하리니 지차이구면 즉가이진학의리라

《논어》에 이르기를 "달마다 그 능함을 잊지 말라"고 한 것이 이것이다. 할 수 있으면서 잊지 않는다면 터득한 것이 더욱 단단해져 잃지 않을 것이니, 이 두 구절을 알면 학문에 나아갈 수 있을 것이다.

・・・

> 자하子夏가 말했다. "날마다 자기가 알지 못하는 것을 알고, 달마다 이미 능한 것을 잊지 않으면(복습하면), 배우기를 좋아한다고 할 만하다. 日知其所亡일지기소망, 月無忘其所能월무망기소능, 可謂好學也已矣가위호학야이의" – 《논어》〈자장子張〉

'능함을 잊지 말라'는 것은, 잘하는 것이라 해도 소홀히 하지 말고 복습해야 한다는 뜻이다. 보통 잘하는 것은 더 연습하지 않고 못하는 것을 채우는 데에 집중하지만, 학문은 물론, 어떤 분야에 통달하기 위해서는 잘하는 것을 잊지 않도록 노력해야 한다는 뜻이다.

045. 남의 단점을 말하지 말고

罔 談 彼 短
없을 망   말씀 담   저 피   짧을 단

君子急於自修라 故로 不暇點檢人之長短也라
孟子曰 言人之不善하다가 其如後患何오하시니 所當體念이니라
군자급어자수라 고로 불가점검인지장단야라
맹자왈 언인지불선하다가 기여후환하오하시니 소당체념이니라

군자는 자신의 행실을 갈고 닦는 것을 급히 여기므로, 남의 장단점을 점검할(따질) 겨를이 없다. 맹자께서 "남의 단점을 말하다가 후환을 어찌하려는가?" 하셨으니, 마땅히 깊이 생각해야 할 것이다.

▶ 《맹자》〈이루離婁 하〉

046. 자기의 장점을 믿지 말라

靡 恃 己 長
아닐 **미**　믿을 **시**　자기 **기**　길 **장**

　　　　　己有長이라도 不可自恃니 恃則無所進益이라
　書曰 有厥善이면 喪厥善이라하니 最宜警省이라 知此二句면 則可以修己矣리라
　　　　　기유장이라도 불가자시니 시즉무소진익이라
　서왈 유궐선이면 상궐선이라하니 최의경성이라 지차이구면 즉가이수기의리라

자신이 장점을 가지고 있더라도 스스로 믿어서는 안 되니, 믿으면 진전이 없기 때문이다. 《서경》에 "자신이 선善을 가지고 있다고 생각하면 그 선을 잃는다" 하였으니, 가장 경계하고 살펴야 한다. 이 두 구절을 알면 자기 몸을 닦을 수 있다.

・・・

> (부암의 들판에서 흙으로 담을 쌓고 있던) 부열傅說이 임금의 명으로 백관을 거느리게 되자, 임금께 나아가 아뢰었다. "…착하게 다스릴 것을 생각하시며 행동하시고, 때에 맞춰 행동하십시오. 자기가 스스로 착하다고 생각하면 그 착한 것을 잃게 되고, 자기가 스스로 능력이 있다고 자랑하면 그 공을 잃게 됩니다." 《서경》 〈열명說命 중〉

047. 약속은 실천할 수 있게 하고

信 使 可 覆
믿을 신　하여금 사　가능할 가　다시 복

有子曰 信近於義면 言可復(覆)也라하니 言約信而其事合宜면 則其言可踐也라
유자왈 신근어의면 언가복야라하니 언약신이기사합의면 즉기언가천야라

유자有子가 "약속이 의義에 가까우면 약속한 말을 실천할 수 있다"고 했으니, 약속할 때에 그 일이 옳아야 약속한 말을 실천할 수 있음을 말한 것이다.

∙∙∙

유자는 공자의 제자 중 가장 존경받는 제자로, 본명은 유약有若이다. 그는 아래와 같은 말을 남기며 올바른 약속을 해야 함을 강조했다. 변하지 않는 진리와 도덕에 기반한 의로운 약속은 나중에 다시 되짚어 보더라도 여전히 옳을 것이기에 지킬 수 있지만, 순간의 감정에 휘둘려 의롭지 않은 약속을 하였다면 이후에는 이를 지킬 수 없을 것이기 때문이다.

> 약속을 의리에 가깝게 하면 그 약속한 말을 실천할 수 있고, (태도와 용모의) 공손함이 예에 가까우면 치욕을 멀리할 수 있다. 주인을 정할 때에 친할 만한 사람을 잃지 않으면 또한 그 사람을 끝까지 종주宗主로 삼을 수 있다. -《논어》〈학이〉

048. 그릇은 헤아리기 어렵게 하고자 한다

器 | 欲 | 難 | 量

그릇 **기**　하고자할 **욕**　어려울 **난**　헤아릴 **량**

器有大小하니 斗筲는 固無論이요 江河亦有涯하니
必與天地同然後에 難於測量이라 知此二句면 則可以凝物矣리라
기유대소하니 두소는 고무론이요 강하역유애하니
필여천지동연후에 난어측량이라 지차이구면 즉가이응물의리라

그릇에는 크고 작음이 있다. 두斗와 소筲는 참으로 말할 것 없고 (넓은) 강하江河도 끝이 있지만, (사람의 그릇은) 반드시 천지와 같아진 뒤에 측량하기 어렵다. 이 두 구절을 알면 사물에 대응할 수 있다.

· · ·

두斗는 한 말짜리 그릇, 소筲는 한 말 두 되짜리 그릇을 말한다. 강은 장강(長江, 양자강)을 가리키는데, 남쪽에 있는 강 이름에는 대부분 강江이라는 글자를 썼다. 하河는 황하를 가리키는데, 북쪽에 있는 강 이름에는 대부분 하河라는 글자를 썼다.

> 자공子貢이 물었다. "저는 어떻습니까?" 공자가 말했다. "너는 그릇이다." "어떤 그릇입니까?" "(작기는 하지만 종묘 제사에 꼭 필요한) 호련瑚璉이다." -《논어》〈공야장〉

049. 묵자는 실이 물드는 것을 슬퍼했고

墨 | 悲 | 絲 | 染
묵가 **묵**　슬플 **비**　실 **사**　물들 **염**

墨은 墨翟也라 翟은 見染絲而悲하니 謂人性本善이로되 誘於習染而爲不善하니
如絲本白而今黑이면 不可復白也라
묵은 묵적야라 적은 견염사이비하니 위인성본선이로되 유어습염이위불선하니
여사본백이금흑이면 불가복백야라

묵墨은 묵적墨翟이다. 묵적은 실을 물들이는 것을 보고 슬퍼하였다. 사람의 성품은 본래 선하나 습관과 물드는 것에 이끌려 선하지 않게 되니, 이는 실이 본래 희나 이제 검어지면 다시는 희어질 수 없는 것과 같음을 말한 것이다.

⋯

묵적은 춘추전국시대의 대표적 사상가인 묵자墨子의 본명이다.

> 묵자가 깨끗하게 마전한¹ 명주실을 보고 울었다. 누렇게 물들일 수도 있고, 검게 물들일 수도 있기 때문이었다. -《회남자淮南子》〈설림훈說林訓〉

❱ 1 천을 삶거나 빨아 볕에 바래다.

050. 시경에서는 염소가죽옷을 찬미했다

詩 | 讚 | 羔 | 羊
글 시 기릴 찬 염소 고 양 양

羔羊은 詩召南篇名이니 美南國大夫被文王化하여 而節儉正直이라
此二句는 言人性易移하여 可惡可善也라
고양은 시소남편명이니 미남국대부피문왕화하여 이절검정직이라
차이구는 언인성이이하여 가악가선야라

〈고양羔羊〉은 《시경》 소남召南의 편명이니, 남국의 대부가 문왕의 교화를 입어 절약하며 검소하고 정직함을 찬미하였다. 이 두 구절은 사람의 성품이 바뀌기 쉬워, 악해질 수도 있고 선해질 수도 있음을 말한 것이다.

･･･

염소 털가죽 옷에	羔羊之皮고양지피
흰 명주실 다섯 가닥,	素絲五紽소사오타
관청에서 퇴근하는데	退食自公퇴식자공
당당하고도 의젓하셔라.	委蛇委蛇위이위이
- 《시경》 국풍 소남 〈고양〉	

051. 큰 도를 행하면 어진 이가 되고

景 行 維 賢
클 경　다닐 행　얽을 유　어질 현

詩曰 高山仰止하고 景行行止라하니 言知大道之可由면 則可以爲賢也라
시왈 고산앙지하고 경행행지라하니 언지대도지가유면 즉가이위현야라

《시경》에 "높은 산을 우러러보고 큰길을 걸어다닌다"고 했으니, 대도를 행해야 함을 알면 어진 이가 될 수 있음을 말하였다.

· · ·

높은 산을 우러러보고　　　　　　高山仰止 고산앙지
큰길을 걸어다니네.　　　　　　　景行行止 경행행지
네 마리 말이 쉬지 않고 수레를 끄니　四牡騑騑 사모비비
여섯 줄 고삐가 가지런해라.　　　　六轡如琴 육비여금
시집온 그대를 보니　　　　　　　觀爾新昏 구이신혼
내 마음 즐겁기만 해라.　　　　　　以慰我心 이위아심
- 《시경》 소아 〈차할車舝〉

052. 능히 생각하면 성인이 된다

克 念 作 聖
이길 극   생각 념   지을 작   성인 성

書曰 維聖도 罔念이면 作狂이요 維狂도 克念이면 作聖이라하니
言聖狂之分이 只係一念也라
서왈 유성도 망념이면 작광이요 유광도 극념이면 작성이라하니
언성광지분이 지계일념야라

《서경》에 "성인도 생각하지 않으면 미치광이가 되고, 미치광이도 능히 생각할 수 있으면 성인이 된다"고 하였으니, 성인과 미치광이의 구분이 다만 한번 생각함에 달렸음을 말하였다.

・・・

앞서 살펴본 《시경》 소아 〈차할〉은 원래 신혼의 즐거움을 노래한 시이다. 이 시에서 높은 산(高山, 고산)은 만인이 우러러보는 산이고, 큰길(景行, 경행)은 모든 사람들이 다니는 길이다. 그래서 고산경행高山景行은 많은 사람들의 존경을 받는다는 뜻으로도 쓰이며, 경행은 대도(大道, 인간으로서 지켜야 할 큰 도리)라는 뜻으로도 쓰인다.

053. 덕이 서면 이름이 서고

德 | 建 | 名 | 立
클 덕   설 건   이름 명   설 립

德은 實也요 名은 實之賓也니 實之所在에 名自隨之也라
덕은 실야요 명은 실지빈야니 실지소재에 명자수지야라

덕은 실체이고 이름은 실체의 손님이니, 실체가 있는 곳에는 이름이 절로 따르기 마련이다.

...

> 옛사람들은 먼저 천작, 즉 덕행德行을 닦았다. 그러면 인작도 뒤따라왔다. 그러나 요즘 사람들은 천작을 닦음으로써 인작을 구한다. 게다가 일단 인작을 얻으면 천작인 덕행을 버리니, 매우 미혹된 짓이다. 끝내는 인작까지도 잃게 될 것이다. - 《맹자》〈고자 상〉

'덕은 실체이고 이름은 실체의 손님'이라는 말은 먼저 내면을 갈고닦아야 이름(명예)가 따라온다는 의미이다. 맹자는 이를 '하늘이 내린 작위를 먼저 닦으면 인간이 내린 작위도 따라온다'라는 말로 표현하며, 벼슬만을 위해 스스로를 갈고닦는 세태를 비판했다.

054. 모습이 단정하면 의표도 바르게 된다

形 端 表 正
얼굴 형 　 바를 **단** 　 바깥 표 　 바를 **정**

形端則影端이요 表正則影正이라 書曰 爾身克正이면 罔敢不正이라하고
孔子曰 子帥以正이면 孰敢不正이리오하시니 正謂此也라
형단즉영단이요 표정즉영정이라 서왈 이신극정이면 망감부정이라하고
공자왈 자솔이정이면 숙감부정이리오하시니 정위차야라

모습이 단정하면 그림자도 단정하고, 의표(태도)가 바르면 그림자도 바르다. 《서경》에 "네 몸이 바르면 감히 바르지 않게 할 사람이 없다"고 했다. 공자도 "네가 올바르게 솔선수범하면 누가 감히 바르지 않게 하겠는가?" 하셨으니, 바로 이것을 말한 것이다.

· · ·

> 계강자季康子가 공자께 (바람직한) 정치에 대해서 묻자, 공자께서 대답하셨다. "정치政란 올바른 것正입니다. 그대가 솔선해서 올바르게 행하면 누가 감히 바르지 않게 하겠습니까?" - 《논어》〈안연顏淵〉

계강자는 춘추시대 노나라의 권력자로, 노나라의 국정을 맡아 다스린 인물이다. 대부로서 분수에 넘치는 행동을 하고 정치를 어지럽혔다. 공자의 제자 염유가 계강자의 가신이 된 뒤에 무거운 세금을 부과하여 그의 재산을 늘려 주자, 공자가 크게 노하여 제자들에게 "그는 더 이상 우리 무리가 아니니, 너희들은 북을 울려 성토하며 그를 공격해도 좋다."라고 말하였다.

055. 빈 골짜기가 소리를 전하고

空 谷 傳 聲
빌공 골곡 전할전 소리성

人在空谷에 有聲則谷自響應而傳其聲하나니라
上言影之隨形하고 此言響之隨聲하니 蓋一義也라
인재공곡에 유성즉곡자향응이전기성하나니라
상언영지수형하고 차언향지수성하니 개일의야라

사람이 빈 골짜기에 있을 때에 소리가 있으면 골짜기가 스스로 메아리를 울려 그 소리를 전한다. 위에서는 그림자가 모습을 따름을 말했고, 여기서는 메아리가 그 소리를 따름을 말했으니, 같은 뜻이다.

...

쩡쩡 나무를 찍자	伐木丁丁벌목정정
짹짹 새들 지저귀네.	鳥鳴嚶嚶조명앵앵
깊숙한 골짜기에서 나와	出自幽谷출자유곡
높다란 나무로 날아오르네.	遷于喬木천우교목
짹짹 우는 지저귐은	嚶其鳴矣앵기명의
자기 벗을 찾는 소리지.	求其友聲구기우성
- 《시경》 소아 〈벌목〉	

056. 빈집에서 듣는 것을 익힌다

虛 堂 習 聽
빌 허　집 당　익힐 습　들을 청

虛堂有聲이면 亦可習聽이니 堂之有宖은 猶谷之有竑也라
易曰 出其言이 善이면 則千里之外應之라하니 卽此理也라
허당유성이면 역가습청이니 당지유횡은 유곡지유횡야라
역왈 출기언이 선이면 즉천리지외응지라하니 즉차리야라

빈집에 소리가 있으면 또한 듣는 것을 익힐 수 있으니, 집이 울리는 것은 골짜기가 울리는 것과 같다. 《주역》에 "그 말하는 것이 선하면 천 리 밖에서도 응한다"고 했으니, 바로 이러한 이치이다.

...

저런 새들을 보아도	相彼鳥矣 상피조의
제 벗 찾아 저리 울거든	猶求友聲 유구우성
하물며 사람이	矧伊人矣 신이인의
벗을 찾지 않으랴.	不求友生 불구우생
신께서도 들으시고	神之聽之 신지청지
내내 화평케 해주시리라.	終和且平 종화차평
- 《시경》 소아 〈벌목〉	

빈 골짜기에서는 나무를 찍는 큰 소리도, 새가 지저귀는 작은 소리도 멀리까지 퍼진다. 비슷하게, 빈집에서는 작은 소리도 크게 들린다. 이는 즉 덕 있는 사람의 말이 멀리까지 퍼지는 것을 말하는 것이다.

057. 화는 악이 쌓임에서 인연하고

禍 因 惡 積
재앙 화   인할 인   사나울 악   쌓을 적

召禍者는 蓋因平日之積惡이라
소화자는 개인평일지적악이라

화를 불러들이는 것은 평소에 악행을 쌓았기 때문이다.

⋯

積善之家 必有餘慶 적선지가 필유여경
착한 것을 쌓은 집에는 반드시 남은 경사가 있고
積不善之家 必有餘殃 적불선지가 필유여앙
착하지 않은 것을 쌓은 집에는 반드시 남은 재앙이 있다
- 《주역》〈중지곤 重地坤〉

위 구절에서 '남은 경사'와 '남은 재앙'이라 함은, 현 세대의 선행과 악행으로 인한 결과가 현 세대뿐 아니라 후손들에게도 전해진다는 의미로 쓰였다.

058. 복은 착한 경사에서 인연한다

福 | 緣 | 善 | 慶
복 **복**　말미암을 **연**　어질 **선**　경사 **경**

獲福者는 寔緣積善之餘慶이라
孟子曰 禍福이 無不自己求之라하시니 禍福之隨善惡은 猶影響之隨形聲也라
획복자는 식연적선지여경이라
맹자왈 화복이 무불자기구지라하시니 화복지수선악은 유영향지수형성야라

복을 얻는 것은 실로 선행을 쌓은 나머지 경사에 말미암은 것이다. 맹자께서 "화와 복은 자기가 구하지 않은 것이 없다" 하셨으니, 화와 복이 선과 악을 따르는 것은 그림자와 메아리가 모습과 소리에 따르는 것과 같다.

⋯

주해에서 언급한 맹자의 말처럼, 모든 일은 자신이 한 행동의 결과라는 뜻을 담고 있다.

059. 한 자 되는 구슬이 보물이 아니니

尺 璧 非 寶
자척　규벽벽　아닐비　보배보

寶玉이 其長盈尺이면 則可謂至寶로되
而此猶未足爲寶니 別有可寶者存焉이니라
보옥이 기장영척이면 즉가위지보로되
이차유미족위보니 별유가보자존언이니라

보배로운 옥이 길이가 한 자라면 매우 진귀하다고 할 수 있지만, 이것도 오히려 보배가 되기에 부족하다. 이외에 따로 보배 될 만한 것이 있기 때문이다.

∴

'한 자'의 길이는 현대의 약 30cm 정도이다. 그리고 다음 구절에 나오는 '한 치'의 길이는 10분의 1인 3cm 정도이다. 즉 '큰 구슬(옥)'과 '짧은 광음(시간)'을 대비시켜, 시간이 옥보다 더 소중한 보배라는 것을 말하고 있다.

060. 한 치의 광음을 다투어라

寸 | 陰 | 是 | 競
마디 촌　그늘 음　이 시　다툴 경

禹惜寸陰하시니 日晷移寸은 人所忽也로되 而聖人惜之하시니
蓋任重道遠하여 惟日不足故也니라
우석촌음하시니 일구이촌은 인소홀야로되 이성인석지하시니
개임중도원하여 유일부족고야니라

우임금은 한 치의 광음을 아끼셨으니, 해그림자가 한 치쯤 옮겨가는 것은 사람들이 소홀히 여기는 것이지만 성인은 이를 아끼셨다. 이는 맡은 일이 무겁고 갈 길은 멀어 날짜가 모자란다고 여겼기 때문이다.

⋯

> 하나라 우임금이나 주나라 후직后稷은 태평성대에도 백성들을 돌보느라고 바빴다. 그래서 자기 집 문 앞을 세 번이나 지나가면서도 들어가지 않았다. 공자는 이들을 현인이라고 칭찬했다. -《맹자》〈이루離婁 하〉

강물의 남쪽, 산의 북쪽을 음陰이라고 한다. 반대로 강물의 북쪽이나 산의 남쪽은 양陽이다. 예를 들어 한양漢陽은 한강의 북쪽에 있는 고을이라는 뜻이며, 낙양洛陽도 낙수洛水의 북쪽에 있다는 뜻이다. 산음山陰은 지리산 북쪽에 있어서 산음이다.

061. 부모 섬김을 바탕으로 임금을 섬겨야 하니

資 | 父 | 事 | 君

힘입을 **자** 아비 **부** 섬길 **사** 임금 **군**

孝經曰 資於事父하여 以事君이라하니 言推事父之道하여 以事君也라
효경왈 자어사부하여 이사군이라하니 언추사부지도하여 이사군야라

《효경》에 "어버이 섬기는 것을 바탕으로 임금을 섬긴다"고 했으니, 어버이를 섬기는 도리를 미루어 임금을 섬기라고 말한 것이다.

…

> 아버지를 섬기는 마음으로 어머니를 섬기며, 그 사랑을 같이 해야 한다. 아버지를 섬기는 마음으로 임금을 섬기며, 그 공경함을 같이 해야 한다. 그러므로 어머니는 그 사랑하는 마음을 구하고, 임금은 그 공경하는 마음을 구하니, 이 두 가지를 겸한 것이 바로 아버지이다. 그러므로 아버지께 효도하는 마음으로 임금을 섬기면 충성이고, 공손한 마음으로 어른을 섬기면 순종이다. 선비는 충성하는 마음과 순종하는 마음을 잃지 않고 윗사람을 섬기고 난 다음에야 그 벼슬과 봉급을 보전하고 제사를 받들 수 있으니, 이와 같은 것을 선비의 효라고 할 수 있다. - 《효경》〈사장士章〉

062. 가로되 엄숙함과 공경함이다

曰 嚴 與 敬
가로되 **왈** 엄할 **엄** 더불 **여** 공경 **경**

事父之孝와 事君之忠이 各有攸當하니 竝著下文이어니와
而若其嚴莊敬恭之體는 則事父事君이 本自一致也라
사부지효와 사군지충이 각유유당하니 병저하문이어니와
이약기엄장경공지체는 즉사부사군이 본자일치야라

어버이를 섬기는 효와 임금을 섬기는 충은 각기 마땅한 바가 있으니 이는 모두 아랫글에 나타나 있거니와, 엄장嚴莊하고 공경하는 요체要體로 말하면 어버이를 섬기는 것과 임금을 섬기는 것이 본래 한 이치이다.

∙ ∙ ∙

주해에서 말하는 '아랫글'이란 이 다음에 나오는 '효당갈력 충즉진명'을 말한다.

▶ 엄장하다: 엄숙하고 장중하다. 그러나 각 글자에 '존경하다', '공경하다'라는 뜻도 담겨 있다.

063. 효도는 마땅히 힘을 다해야 하고

孝 | 當 | 竭 | 力
효도 효 　 마땅 당 　 다할 갈 　 힘 력

竭力은 謂竭盡其力而不懈니 子夏所謂事父母能竭其力이 是也라
갈력은 위갈진기력이불해니 자하소위사부모능갈기력이 시야라

'갈력竭力'이란 그 힘을 다하며 게을리하지 않는 것을 이르니, 자하가 "어버이를 섬길 때 그 힘을 다한다"라고 말한 것이 이것이다.

・・・

자하子夏가 말했다. "'색이 현현賢賢하게 변한다'는 말이 있다. 어버이를 섬길 때에는 그 힘을 다하고, 임금을 섬길 때에는 그 몸을 다 바치며, 친구와 사귈 때에는 말한 것에 책임을 져야 한다. (이러한 사람이 있다면) 비록 '학문하지 못했다'고 하더라도, 나는 '(이 사람이야말로) 배운 사람이다'라고 반드시 말하겠다." - 《논어》〈학이學而〉

064. 충성은 목숨을 다해야 한다

忠則盡命
충성 충 곧 즉 다할 진 목숨 명

盡命은 謂殞喪其身而不辭니 子夏所謂事君能致其身이 是也라
진명은 위운상기신이불사니 자하소위사군능치기신이 시야라

'목숨을 다한다'는 말은 그 몸을 희생하더라도 사양하지(거부하지) 않음을 이르니, 자하가 "임금을 섬기는 데 그 몸을 다 바친다"고 말한 것이 이것이다.

...

앞서 소개한 자하의 말은 지혜로운 사람이란 단순히 똑똑하거나 학식이 높은 사람을 뜻하는 것이 아님을 말하고 있다. 즉, 부모에게 효를 다하고 자신이 따르는 사람에게 헌신하며, 친구와의 의리를 지키는 등 인간의 도리에 충실한 사람이 지혜로운 사람이라고 말하고 있는 것이다.

065. 깊은 물에 임한 듯, 엷은 얼음을 밟듯이 하고

臨 深 履 薄
임할 임 깊을 심 밟을 리 엷을 박

曾子臨終에 曰 詩云 如臨深淵하며 如履薄氷이라하니
而今而後에 吾知免夫라하시니 此는 上文所謂不敢毁傷之道也라
증자임종에 왈 시운 여림심연하며 여리박빙이라하니
이금이후에 오지면부라하시니 차는 상문소위불감훼상지도야라

증자가 임종할 때에 "《시경》에 '깊은 못에 임한 듯, 엷은 얼음을 밟듯이 하라' 하였으니, 지금 이후에야 나는 (몸을 훼상할까 하는 걱정에서) 벗어난 것을 알겠구나" 하셨다. 이는 윗글에서 말한 "감히 헐거나 상하지 않는다"는 도리이다.

...

감히 맨손으로 호랑이 못 잡고   不敢暴虎 불감폭호
감히 걸어서 황하를 건널 수는 없지.   不敢馮河 불감빙하
사람들이 그런 것까지만 알고   人知其一 인지기일
그 밖의 것들은 알지 못하네.   莫知其他 막지기타
두려워하고 조심해야지.   戰戰兢兢 전전긍긍
깊은 못에 임하듯 하고   如臨深淵 여림심연
엷은 얼음판 밟고 가듯 해야지.   如履薄氷 여리박빙
- 《시경》 소아 〈소민小旻〉

066. 일찍 일어나 어버이의 덥고 서늘함을 살피라

夙 興 溫 凊
이를 숙 일어날 흥 따뜻할 온 서늘 청

詩曰 夙興夜寐라하고 禮曰 冬溫夏凊이라하니 是則事親之疏節也라
此二句는 專言孝하니 孝則忠可移於君故也라
시왈 숙흥야매라하고 예왈 동온하청이라하니 시즉사친지소절야라
차이구는 전언효하니 효즉충가이어군고야라

《시경》에 "일찍 일어나고 밤늦게 자라" 하였고, 《예기》에 "겨울에는 따뜻하게 해 드리고 여름에는 서늘하게 해 드리라" 하였으니, 이는 어버이를 섬기는 간략한 예절이다. 이 두 구절은 오로지 효를 말하였으니, (어버이에게) 효도하면 충을 임금에게도 행할 수 있기 때문이다.

···

저 할미새를 바라보니	題彼脊令제피척령
날아가면서 우지짖네.	載飛載鳴재비재명
나는 나닐이 나아가고	我日斯邁아일사매
다달이 나아가네.	而月斯征이월사정
일찍 일어나고 늦게 자면서	夙興夜寐숙흥야매
낳아주신 어버이를 욕되게 하지 않으리라.	無忝爾所生무첨이소생
- 《시경》 소아 〈소완小宛〉	

067. 난초처럼 향기로우며

似 | 蘭 | 斯 | 馨
같을 사 난초 란 이 사 꽃다울 형

蘭之爲艸는 處幽谷而孤馨하니 以喩君子之志操閒遠也라
란지위초는 처유곡이고형하니 이유군자지지조한원야라

난초라는 풀은 깊은 골짜기에 살면서 홀로 향기로우니, 군자의 지조가 크고도 먼 것을 비유한 것이다.

...

> 공자께서 이렇게 말씀하셨다. "비슷하면서도 속은 그렇지 않은 사이비似而非가 밉다. 가라지를 미워하는 까닭은 (그와 비슷해 보이는) 곡식의 싹을 어지럽힐까 걱정되기 때문이다. 간사하고 영특한 자를 미워하는 까닭은 의義를 어지럽힐까 걱정되기 때문이다. … 정나라의 음란한 음악을 미워하는 까닭은 (그와 비슷해 보이는) 올바른 음악을 어지럽힐까 걱정되기 때문이다. 자줏빛을 미워하는 까닭은 주홍빛을 어지럽힐까 걱정되기 때문이다. 내가 (겉으로는 점잖고 덕이 있어 보이는) 향원鄕原을 미워하는 까닭은 덕을 어지럽힐까 걱정되기 때문이다."-《맹자》〈진심 하〉

위 구절에서 '향원'은 겉으로는 의롭고 선한 사람으로 보이지만, 사실은 세상의 이해관계에 부합하며 살아가는 사람이었다. 이런 사람은 많은 사람들에게 좋은 사람이라는 평가를 받는다 해도 진정으로 선한 사람이 아니다.

068. 소나무같이 무성하리라

如 松 之 盛
같을 **여** 솔 **송** 갈 **지** 성할 **성**

松之爲木은 傲霜雪而獨茂하니 以喩君子之氣節磊落也라
송지위목은 오상설이독무하니 이유군자지기절뇌락야라

소나무라는 나무의 습성은 서리와 눈을 업신여기며 홀로 무성하니, 군자의 기절'이 우뚝함을 비유한 것이다.

⋯

지之는 '가다'라는 의미를 지니고 있지만, 한문에서 어조사로 쓰이면 '~의'라는 뜻으로도 해석된다. 예를 들어, 두터운 우정을 의미하는 사자성어인 금란지계金蘭之契의 경우 세 번째 글자인 지之를 '~의'로 해석하여, "단단한 쇠와 향기로운 난초의 관계"라는 뜻이 된다.

> "날씨가 추워진 뒤에야 소나무나 측백나무가 늦게 시드는 것을 알게 된다歲寒然後, 知松柏之後彫也세한연후 지송백지후조야." – 《논어》〈자한子罕〉

▶ 굽힐 줄 모르는 기개와 절조.

069. 냇물은 흘러 쉬지 않고

川 流 不 息
내 천　흐를 류　아닐 불　쉴 식

　　　　水之逝者爲川이니 其流日夜不息하니 以喩君子乾惕不已也라
　　　　수지서자위천이니 기류일야불식하니 이유군자건척불이야라

물이 흘러가는 것이 시내인데, 그 흐름이 밤낮으로 쉬지 않으니, 군자가 힘쓰고 두려워하여 그치지 않음을 비유한 것이다.

· · ·

공자께서 시냇물 위에서 말씀하셨다. "흘러가는 세월이 이와 같아서, 밤낮을 쉬지 않고 흐르는구나逝者如斯夫 不舍晝夜서자여사부 불사주야." - 《논어》 〈자한子罕〉

근원이 깊은 샘물은 퐁퐁 솟아올라 밤낮을 쉬지 않고 흐른다. 웅덩이를 채운 뒤에도 더욱 앞으로 흘러나가 마침내는 사방의 바다에 다다른다. 근본이 있는 것은 이와 같이 되므로, 이러한 점을 (공자께서) 취하신 것이다. 만약에 근원이 없으면 7, 8월에 내리는 비는 한꺼번에 모여 크고 작은 도랑을 가득 차게 하지만, 마르기 시작하면 서서 기다리는 사이에 다 말라 버린다. 그러므로 실제보다 지나치게 이름이 나는 것을 군자는 부끄러워하는 것이다. - 《맹자》 〈이루離婁 하〉

070. 못이 맑으면 비치는 것을 취할 수 있다

淵 澄 取 暎
못 연 맑을 징 가질 취 비출 영

水之停者爲淵이니 其澄足以取映하니 以喩君子獨觀昭曠也라
수지정자위연이니 기징족이취영하니 이유군자독관소광야라

물이 고여 있는 것이 못인데, 그 맑음이 물건을 비출 수 있으니, 군자가 홀로 밝게 봄을 비유한 것이다.

...

손바닥만한 연못에 거울 하나가 펼쳐져	半畝方塘一鑑開 반무방당일감개
하늘빛과 구름 그림자가 함께 배회하네.	天光雲影共徘徊 천광운영공배회
그대에게 묻노니, 맑은 물을 어찌 얻었나	問渠那得淸如許 문거나득청여허
근원에서 살아있는 물이 흘러오기 때문이라네.	爲有源頭活水來 위유원두활수래

주자朱子는 위의 〈관서유감觀書有感〉이라는 시에서, 네모난 연못으로 흘러드는 물에 비치는 하늘빛과 구름 그림자로써 책 읽는 즐거움과 그 효용을 비유했다. 이때 손바닥만 한 연못은 시인의 마음이며, 흘러드는 물은 책 속의 가르침이다. 시인은 자신의 마음가짐을 연못에 비춰보는데, '근원에서 살아있는 물이 흘러오기 때문에' 연못의 물이 맑다는 구절은 끊임없이 책을 읽으며 새로운 가르침을 받아들여야만 새로운 생각을 할 수 있다는 뜻이다.

4장

현명한 삶의 지혜

071. 행동거지는 생각하는 듯이 하고

容 止 若 思
얼굴 용 그칠 지 같을 약 생각 사

容止는 欲其儼然若思니 曲禮所謂儼若思 是也라
용지는 욕기엄연약사니 곡례소위엄약사 시야라

행동거지는 엄숙하여 생각하는 듯해야 하니, 《곡례》에 이른바 "엄숙히 하여 생각하는 듯이 하라"는 말이 이것이다.

...

기린의 발이여.	麟之趾 린지지
번성한 공후의 아들들은	振振公子 진진공자
아아! 기린이로다.	于嗟麟兮 우차린혜
기린의 이마여.	麟之定 린지정
번성한 공후의 자손들은	振振公姓 진진공성
아아! 기린이로다.	于嗟麟兮 우차린혜
기린의 뿔이여.	麟之角 린지각
번성한 공후의 집안들은	振振公族 진진공족
아아! 기린이로다.	于嗟麟兮 우차린혜

─ 《시경》 국풍 〈인지지麟之趾〉

072. 말씨는 안정되어야 한다

言 辭 安 定
말씀 언　말씀 사　편안할 안　정할 정

言辭는 欲其詳審安定이니 曲禮所謂安定辭 是也라
언사는 욕기상심안정이니 곡례소위안정사 시야라

말씨는 자세하고 안정되어야 하니, 《곡례》에 이른바 "말을 안정되게 하라"는 말이 이것이다.

· · ·

앞서 본 〈인지지〉라는 시에서는 번성한 공후의 아들과 자손, 집안을 각각 기린의 발, 이마, 뿔에 비유한다. 그 이유는 이 부위들이 기린의 어진 성품을 상징하기 때문이다. 이 시에 달린 주석에 따르면, "발이 있는 것은 차기 마련이고, 이마가 있는 것은 들이받기 십상이며, 뿔이 있는 곳은 부딪치고자 하는데 기린만은 그렇지 않으므로 이것이 그의 어진 성품이다"라고 한다.

073. 처음을 독실하게 하는 것이 참으로 아름다우나

篤 | 初 | 誠 | 美

도타울 **독**   처음 **초**   진실로 **성**   아름다울 **미**

人能篤厚於始면 則誠爲美矣로되 而猶未也요
인능독후어시면 즉성위미의로되 이유미야요

사람이 처음에 정성을 다하는 것은 참으로 아름답지만 (이것만으로는) 오히려 부족하다.

・・・

누구나 어떤 일을 시작할 때에는 의욕에 넘쳐, 모든 일을 성실하게 한다. 만약 성실함을 끝까지 유지할 수 있다면 좋은 결과를 얻을 수 있을 것이다. 그러나 보통 처음에 가졌던 의욕과 열정을 끝까지 유지하는 사람은 거의 없기 때문에, 주해에서도 '처음에 정성을 다하는 것은 아름답지만 이것만으로는 부족하다'고 말하는 것이다.

074. 마무리를 삼가 마땅히 좋게 하라

慎 終 宜 令
삼갈 **신** 마침 **종** 마땅 **의** 어질 **령**

必克慎其終이라야 乃爲盡善이니 詩曰 靡不有初나 鮮克有終이 卽此意也라
필극신기종이라야 내위진선이니 시왈 미불유초나 선극유종이 즉차의야라

반드시 그 마무리를 삼가야 더할 나위 없이 좋게 되니, 《시경》에 "처음은 있지 않은 이가 없으나(모두에게 있으나), 능히 마침이 있는 이는 적다"고 한 말이 바로 이런 뜻이다.

· · ·

위대한 상제님은	蕩蕩上帝 탕탕상제
이 세상 백성들의 임금이시건만,	下民之辟 하민지벽
상제님 사납고도 무섭게 굴어	疾威上帝 질위상제
그 명하심이 많이도 편벽되네.	其命多辟 기명다벽
하늘이 백성을 낳으셨지만	天生烝民 천생증민
하늘의 명을 믿을 수만은 없으니,	其命匪諶 기명비심
처음에는 잘하는 듯하다가도	靡不有初 미불유초
끝까지 잘한 나라는 드물었네.	鮮克有終 선극유종

– 《시경》 대아 〈탕蕩〉

주해에서 언급한 《시경》의 구절은 위 시의 마지막 두 구절을 말한다. 이 시는 은나라 주왕의 폭정을 다루며 경계하기 위한 시이다.

075. 영화로운 사업의 기본이니

榮 | 業 | 所 | 基
빛날 영   업 업   바 소   터 기

榮業은 即榮耀事業이니 其所基本은 即資父事君以下事也라
영업은 즉영요사업이니 기소기본은 즉자부사군이하사야라

영업榮業은 바로 영화롭고 빛나는 사업이니, 그 기본은 바로 (위에서 말한) '자부사군(資父事君, 부모를 섬기고 임금을 섬김)' 이하의 일이다.

· · · ·

> 종과 경을 매다는 틀에는   虡業維樅거업유종
> 큰 북과 큰 종이 걸려 있네.   賁鼓維鏞분고유용
> 아아! 질서 있게 종을 치니   於論鼓鐘어론고종
> 아아! 천자님 공부하는 곳이 즐거워라.   於樂辟廱어락벽옹
> — 《시경》 대아 〈영대靈臺〉

업業에는 '사업'이라는 뜻 외에 '쇠북을 다는 틀'이라는 뜻도 있다. 특히 틀 윗부분의 가로 판자를 가리키는데, 톱니 모양으로 새기고 흰 칠을 했다.

076. (좋은 이름이) 널리 퍼져 끝없으리라

籍 | 甚 | 無 | 竟
시끄러울 **자**   심할 **심**   없을 **무**   마침 **경**

人能修業而有所基本이면 則聲譽籍甚하여 殆無終極也라
인능수업이유소기본이면 즉성예적심하여 태무종극야라

사람이 사업을 닦아 기본이 있으면 명성이 널리 퍼져 거의 끝이 없을 것이다.

…

이 구절의 첫 번째 한자인 籍는 시끄럽다는 뜻의 '자'로도 읽고 글월이라는 뜻의 '적'으로도 읽는다. 藉와도 통용해 쓰니, '명성이 자자藉藉하다'는 해당 한자를 '자'로 읽은 경우이고, 서적書籍은 '적'으로 읽은 경우이다.

077. 배우고 여력이 있으면 벼슬에 올라

學 | 優 | 登 | 仕
배울 **학** 넉넉할 **우** 오를 **등** 벼슬 **사**

子夏曰 學而優則仕라하니 蓋學有餘力而仕면 則驗其學者益廣也라
자하왈 학이우즉사라하니 개학유여력이사면 즉험기학자익광야라

자하가 "배우고 여력이 있으면 벼슬한다"고 하였다. 배우고 여력이 있어 벼슬하면, 자신이 배운 것을 더욱 널리 실험할 수 있을 것이다.

...

그다음에는 상, 서, 학, 교 등의 교육기관을 설립하여, 백성들을 가르치십시오. 상庠은 양養과 같은 뜻이고, 교校는 교敎와 같은 뜻이며, 서序는 사射와 같은 뜻입니다. 이들 향학鄕學을 하나라 때에는 '교'라 했고, 은나라 때에는 '서'라 했으며, 주나라에서는 '상'이라 했습니다. 이에 비하여 국학國學인 학學은 하, 은, 주 3대가 같이 '학'이라 했습니다. 이들 향학이나 국학은 모두 인륜을 밝히기 위한 곳이었습니다. 인륜이 위에서 밝아지면, 백성들이 아래에서 화친케 될 것입니다. -《맹자》〈등문공滕文公 상〉

078. 직책을 가지고 정사에 종사한다

攝 | 職 | 從 | 政
겸할 섭   벼슬 직   좇을 종   정사 정

學優則可以攝官守之職하고 從國家之政이니
如子路之果와 子貢之達과 冉有之藝를 夫子皆許從政也하시니라
학우즉가이섭관수지직하고 종국가지정이니
여자로지과와 자공지달과 염유지예를 부자개허종정야하시니라

배우고 여력이 있으면 관직을 잡고 나라의 정사에 종사할 수 있다. 자로의 과단성과 자공의 통달함과 염유의 재주를 공자께서 모두 '정사에 종사할 수 있다'고 인정하셨다.

…

> 계강자가 "중유仲由는 정사를 맡길 만합니까?"라고 묻자, 선생님께서 말씀하셨다. "중유는 과감하고 결단력이 있으니, 그에게 정사를 맡긴다면 무슨 어려움이 있겠습니까?" "사賜도 정사를 맡길 만합니까?" "사는 통달했으니, 그에게 정사를 맡기도 무슨 어려움이 있겠습니까?" "구求도 정치를 맡길 만합니까?" "구는 재주가 있으니, 그에게 정사를 맡겨도 무슨 어려움이 있겠습니까?" - 《논어》 〈옹야雍也〉

당시 노나라의 권력자였던 계강자가 공자의 제자 중 한 명을 신하로 삼기 위해 그들의 자질을 물은 부분이다. 윗 글에서 중유仲由는 공자의 제자인 자로의 이름이고, 단목사端木賜는 제자 자공의 이름이며, 염구冉求는 자유라는 제자의 이름이다.

079. (소공이) 감당나무 아래에 머무니

存 以 甘 棠
있을 존　써 이　달 감　아가위 당

周召公奭이 在南國之日에 止舍於甘棠之下하니
南國之人이 無不從其敎化焉하니라
주소공석이 재남국지일에 지사어감당지하하니
남국지인이 무불종기교화언하니라

주나라 소공 석奭이 남쪽 제후국에 있을 때에 감당나무 아래 머무니, 남쪽 제후국 사람들이 그 교화를 따르지 않는 이가 없었다.

...

감당나무(팥배나무)를 주자는 두리杜梨라 했고, 육씨는 당리棠梨라 했다. 《본초강목》에도 당리라고 하였다. 《삼재도회》에는 두리가 없고, 당리 그림만 실려 있다.

080. 떠남에 더욱 〈감당시를〉 읊는다

去 而 益 詠
갈 **거**　말 이을 **이**　더할 **익**　읊을 **영**

及其去也에 則民益思慕하여 作甘棠詩하여
曰 蔽芾甘棠을 勿翦勿伐이어다 召伯所茇이라하니 可見其澤之入人深也라
급기거야에 즉민익사모하여 작감당시하여
왈 폐불감당을 물전물벌이어다 소백소발이라하니 가견기택지입인심야라

소공이 떠나가자 백성들이 그를 더욱 사모하여 〈감당시〉를 지었다. "무성한 저 아가위나무를 / 베지도 말고 치지도 말라. / 소백님이 머무신 곳이라네." 하였으니, 그 은택이 사람들에게 깊이 스며들었음을 볼 수 있다.

· · ·

소공召公은 주나라 선왕(宣王, 기원전 827~기원전 782)의 명을 받들어 회남의 오랑캐들을 평정하고, 강수江水와 한수 지방을 개척했다. 그가 남쪽을 순행하다가 이 아가위나무 아래서 쉬며 백성들을 돌보았기에, 백성들이 그의 덕에 감복하여 이 아가위나무까지도 소중히 사랑하여 노래를 불렀다. 이때부터 이 시는 어진 수령을 예찬하는 시로 많이 쓰였다.

081. 음악은 귀천에 따라 다르고

樂 | 殊 | 貴 | 賤
풍류 **악**　다를 **수**　귀할 **귀**　천할 **천**

**樂有等威하니 如天子八佾, 諸侯六佾, 大夫四佾, 士庶人二佾之屬이니
此는 貴賤之殊也라**
악유등위하니 여천자팔일, 제후육일, 대부사일, 사서인이일지속이니
차는 귀천지수야라

음악에는 등급이 있으니, 천자는 팔일, 제후는 육일, 대부는 사일, 사서인은 이일과 같은 따위이다. 이는 귀천이 달라서이다.

...

> 일은 음악에 따라 춤추는 사람들이 짓는 줄을 말하는데, 천자는 여덟 줄로 춤을 추게 할 수 있고, 제후는 여섯 줄이며, 대부는 넉 줄, 사서인은 두 줄이다. 춤추는 사람의 숫자는 춤추는 줄의 수와 같다. 어떤 사람은 '일佾마다 춤추는 사람은 여덟 명'이라고 하는데, 누가 옳은지 자세하지 않다. -《논어》〈팔일八佾〉 주

천자는 나라의 우두머리, 제후는 각 지역의 우두머리이며 대부는 벼슬아치, 사서인은 벼슬이 없는 선비와 일반 백성을 아울러 칭하는 말이다. 이 부분은 과거 계급의 구별이 매우 엄했음을 보여준다. 행사를 여는 사람의 신분에 따라 춤추게 할 수 있는 사람 수가 다르게 정해져 있으니, 아무리 돈이 많다 한들 신분이 낮다면 풍류조차 소박하게 즐겨야 했던 셈이다.

082. 예절은 높고 낮음을 분별한다

禮 | 別 | 尊 | 卑
예도 **예**　다를 **별**　높을 **존**　낮을 **비**

先王制五禮하여 朝廷엔 有君臣之儀하고 家庭엔 有父子之倫하며
以至夫婦長幼朋友之屬에도 皆有尊卑之別하니라
선왕제오례하여 조정엔 유군신지의하고 가정엔 유부자지륜하며
이지부부장유붕우지속에도 개유존비지별하니라

선왕이 오례를 제정하여 조정에는 군신 사이의 의식이 있고, 가정에는 부자 사이의 차례가 있으며, 부부, 장유, 붕우의 등속에도 모두 높고 낮은 구별이 있게 하였다.

・・・

> 사람들이 예교禮教를 모르면 새나 짐승에 가까운 상태로 떨어진다. 성인 순임금이 이러한 점을 걱정하여 설契을 사도司徒로 삼고, 백성들에게 인륜을 가르치게 했다. 어버이와 자식 사이에는 친애가 있고父子有親, 임금과 신하 사이에는 예의가 있으며君臣有義, 남편과 아내 사이에는 분별이 있고夫婦有別, 연장자와 연소자 사이에는 서열이 있으며長幼有序, 벗들 사이에는 신의가 있어야 한다朋友有信는 것이다. -《맹자》〈등문공 상〉

유교의 기본 윤리였던 삼강오륜 중 오륜이 바로 《맹자》에서 유래한 것이다.

083. 위에서 화하면 아래에서도 목하고

在上者愛而有敎曰和요 在下者恭而盡禮曰睦이니 父慈子孝兄愛弟敬之類 是也라
재상자애이유교왈화요 재하자공이진례왈목이니 부자자효형애제경지류 시야라

위에 있는 자가 사랑하여 가르쳐 주는 것을 화和라 하고, 아래에 있는 자가 공손하여 예를 다하는 것을 목睦이라 한다. 아버지는 사랑하고 아들은 효도하며, 형이 사랑하고 아우가 공경하는 등이 이것이다.

084. 남편이 앞서면 아내가 따른다

夫 | 唱 | 婦 | 隨

지아비 **부**　먼저 **창**　아내 **부**　좇을 **수**

夫以剛義而倡之하고 婦以柔順而隨之니라
부이강의이창지하고 부이유순이수지니라

남편은 굳건함과 의로써 앞서고, 부인은 부드럽고 순함으로써 따른다.

• • •

창唱은 노래를 부른다는 의미이기도 하지만, 여기에서는 '먼저 하다' 라는 뜻으로 쓰였다. 어떠한 일을 앞장서서 주장하며 사람들을 이끈 다는 의미인 '창도唱導'나, 어떤 일을 처음 내놓아 주장한다는 '제창提唱' 에서도 '먼저 하다'라는 의미로 쓰였다.

085. 밖에서 스승의 가르침을 받고

外 | 受 | 傅 | 訓
바깥 **외**   받을 **수**   스승 **부**   가르칠 **훈**

男子十年이면 出就外傅而學焉이라 故로 曰外受傅訓이라 하니라
남자십년이면 출취외부이학언이라 고로 왈외수부훈이라 하니라

남자는 열 살이 되면 바깥으로 나가 스승을 따라 배운다. 그러므로 '밖에서 스승의 가르침을 받는다'고 말하였다.

∙∙∙

> 자식을 가르침에 있어서 말할 줄 알게 되면 남자(아들)는 네唯라고 대답하게 가르치고, 남자는 가죽주머니를 차게 한다.
> 남자는 열 살이 되면 집 밖으로 나가서 스승에게 찾아간다. - 《예기》〈내칙內則〉

086. 들어와서 어머니의 거동을 받든다

入 奉 母 儀
들입 받들봉 어미모 거동의

女子十季이면 不出하며 聽從姆敎라 故로 曰入奉母儀라 하니라
여자십년이면 불출하며 청종모교라 고로 왈입봉모의라 하니라

여자는 열 살이 되면 (밖으로) 나가지 않고 여스승의 가르침을 들어 따른다. 그러므로 '들어가 어머니의 거동(몸가짐)을 받든다'고 말하였다.

• • •

자식을 가르침에 있어서 말할 줄 알게 되면 여자(딸)는 네俞라고 대답하게 가르치며, 비단주머니를 차게 한다. 일곱 살이 되면 남녀가 자리를 같이하지 않는다. 열 살이 되면 밖에 나가지 않고, 여선생이 말씨를 상냥하게 쓰고, 용모를 유순하게 하며, 어른의 말에 따르도록 가르친다. -《예기》〈내칙內則〉

087. 모든 고모와 백부, 숙부는

諸 | 姑 | 伯 | 叔
모두 제 　 아주미 고 　 맏 백 　 버금 숙

此는 言父之姉妹兄弟也라 伯叔은 卽兄弟之稱이어늘
而俗以伯爲父之兄하고 叔爲父之弟하니 此亦承俗謬也라
차는 언부지자매형제야라 백숙은 즉형제지칭이어늘
이속이백위부지형하고 숙위부지제하니 차역승속류야라

이는 아버지의 자매와 형제를 말한 것이다. 백숙은 형제의 칭호인데, 세상에서는 백伯을 아버지의 형이라 하고 (아버지의 형을 백이라 하고) 숙叔을 아버지의 아우라 하니 (아버지의 아우를 숙이라 하니), 이 또한 민간의 잘못을 그대로 따른 것이다.

...

> 상복喪服을 입을 때 형제의 아들을 자기 자식과 똑같이 취급하는 것은 대개 이끌어 당겨서 가깝게 함이다. - 《예기》〈단궁편〉

죽은 사람의 자식과 조카는 상을 치를 때 똑같은 옷을 입는데, 이는 촌수보다는 서로를 아끼는 정을 우선한 것이다.

088. (조카를) 자식같이 대하고 자식에 비긴다

猶 子 比 兒

같을 **유**   자식 **자**   견줄 **비**   아이 **아**

此는 言兄弟之子也라 自諸姑伯叔視之하면 猶己子而比己兒也라
차는 언형제지자야라 자제고백숙시지하면 유기자이비기아야라

이는 형제의 아들을 말한 것이다. 여러 고모와 백부 숙부의 입장에서 보면 조카는 자기 자식과 같아, 자기 아이에게 비하게 된다.

…

> 안연이 죽자, 공자의 제자들이 그를 후하게 장사 지내자고 했다. 그러자 공자께서 "안 된다."라고 말씀하셨다. 제자들이 후하게 장사 지내자, 공자께서 말씀하셨다. "안회야! 너는 나를 아비 대하듯이 했는데, 나는 오히려 너를 아들처럼 대하지 못했구나. 이것은 나의 뜻이 아니라 저 몇 사람의 소행이니라. 顔淵死, 門人欲厚葬之, 子曰, "不可." 門人厚葬之, 子曰, "回也, 視予猶父也, 予不得視猶子也, 非我也, 夫二三子也." — 《논어》〈선진先進〉

안연은 공자의 친족은 아니었으나, 가난한 형편에도 현명하고 덕이 높아 공자는 그를 아들처럼 아꼈다. 그래서 공자는 자기 아들에게 그리하듯 안연의 신분에 맞게 검소한 장례를 치러야 한다고 생각했고, 아끼던 제자의 장례를 자신의 가치관대로 소박하게 치러 주지 못한 것을 안타까워했다.

089. 깊이 생각해 주는 형과 아우는

孔 | 懷 | 兄 | 弟
심할 **공**   생각 **회**   맏 **형**   아우 **제**

詩曰 死喪之威에 兄弟孔懷라하니 言死喪之事는 獨於兄弟之親에 思念倍切也라
시왈 사상지위에 형제공회라하니 언사상지사는 독어형제지친에 사념배절야라

《시경》에 "죽음의 두려움이 있을 때에 형제가 깊이 생각해 준다" 하였으니, 죽음의 일은 형제같이 친한 경우에 유독 사념이 갑절이나 간절함을 말한 것이다.

· · ·

죽을 고비를 당해서도	死喪之威 사상지위
형제만은 염려해 주고,	兄弟孔懷 형제공회
벌판 진펄 잡혀가도	原隰裒矣 원습부의
형제만은 찾아다니네.	兄弟求矣 형제구의
- 《시경》〈상체常棣〉	

척령鶺鴒은 물가에 사는 할미새인데, 내륙의 들판은 자기가 평소에 살던 곳이 아니므로 자기 무리를 찾아 울면서 날아다닌다. 그렇게 바삐 나는 모습이 마치 형제가 어려운 일을 당했을 때 돕고자 하는 모습 같다고 생각하여, 형제의 우애를 노래한 〈상체〉에서 할미새를 끌어다 썼다.

090. 기운이 같고 가지가 이어져 있다

同 氣 連 枝

같을 **동**　기운 **기**　이어질 **련**　가지 **지**

兄弟는 同受父母之氣하니 比諸樹하면 父母는 根也요
兄弟는 枝之連也라 爲兄弟者知此하면 則豈有不相愛者乎아
형제는 동수부모지기하니 비제수하면 부모는 근야요
형제는 지지련야라 위형제자지차하면 즉기유불상애자호아

형제는 부모의 기운을 함께 받았으니, 이를 나무에 비하면 어버이는 뿌리이고 형제는 가지가 이어진 것과 같다. 형이나 아우 된 자가 이를 안다면 어찌 서로 사랑하지 않는 자가 있으랴.

・・・

한나라 채옹(蔡邕, 132-192)은 유학을 정리한 학자로 이름 높지만, 효성이 지극한 사람이기도 했다. 어머니가 병이 들자 그는 3년 동안 옷도 벗지 않고 성심으로 돌보았으며, 어머니가 돌아가신 뒤에는 상복을 입고 무덤가에 초막을 지어 삼년상을 지냈다. 이때 초막 앞에 나무 두 그루가 자라났는데, 차츰 가지가 이어져 한 그루가 되었다. 이에 채옹의 지극한 효성에 하늘이 감동했다고 칭찬이 자자했다.

뒷날 송나라 강왕康王에게 항거했던 한빙韓憑 역시 비슷한 일화가 있다. 그는 아내 하씨何氏와 금실 좋게 살았는데, 그가 묻힌 무덤에도 가지가 이어진 나무가 자랐다고 한다. 그때부터 가지가 이어진 나무, 즉 연리지連理枝는 사랑이 두터운 부부의 상징이 되었다.

091. 벗을 사귀어 정분을 나누고

交 | 友 | 投 | 分
사귈 교 　 벗 우 　 던질 투 　 나눌 분

朋友는 以義合而父子君臣長幼夫婦之倫이 賴朋友而明이라
故로 必託之以朋友之分焉이니라
붕우는 이의합이부자군신장유부부지륜이 뢰붕우이명이라
고로 필탁지이붕우지분언이니라

붕우는 의리로 합하였으니, 부자·군신·장유·부부의 윤리가 붕우를 힘입어 밝아진다. 그러므로 반드시 붕우 간의 정분에 의탁하는 것이다.

· · ·

주해에서는 부모와 자식, 임금과 신하 등 인간의 모든 관계가 붕우의 윤리, 즉 신의를 바탕으로 이루어진다고 설명한다. 이는 그 어떤 관계라 해도 믿음과 의리가 없다면 무너지기 쉽기 때문이다.

092. 절차탁마하여 경계하고 깨우친다

切 | 磨 | 箴 | 規
벨 **절**　　갈 **마**　　경계 **잠**　　경계 **규**

切磋琢磨는 講習克治之功이요 箴戒規警은 責善交修之意니
無此면 則不可謂盡朋友之分也라
절차탁마는 강습극치지공이요 잠계규경은 책선교수지의니
무차면 즉불가위진붕우지분야라

절차탁마는 학문을 강습하고 (사욕을) 이겨 다스리는 공부이며, 경계하고 일깨워 주는 것은 잘하라고 격려하여 서로 닦는다는 뜻이니, 이것이 없으면 붕우의 정분을 다했다고 말할 수 없다.

....

저 기수 물굽이를 바라보니	瞻彼淇奧첨피기욱
푸른 대나무 우거져 있네.	綠竹猗猗녹죽의의
빛나는 군자시여.	有匪君子유비군자
깎고 다듬은 듯	如切如磋여절여차
쪼고 간 듯하시네.	如琢如磨여탁여마
-《시경》〈기욱淇奧〉	

위나라 무공武公은 95세가 되어서도 자기 수양을 게을리하지 않았고, 늘 신하나 백성들에게 가르침을 받아 고치기를 좋아했다. 옥공玉公이나 석공이 온 힘과 정성을 다해 옥이나 돌을 갈고닦듯이 자기를 절차탁마했기에, 위나라 백성들이 훌륭한 임금을 푸른 대나무에 견주어 칭송한 것이다.

093. 인자하고 측은하게 여기는 마음을

仁 | 慈 | 隱 | 惻
어질 인　자비 자　슬플 은　슬플 측

仁者는 心之德이요 愛之理也니 慈愛는 仁之用也요 惻隱은 仁之端也라
인자는 심지덕이요 애지리야니 자애는 인지용야요 측은은 인지단야라

인仁은 마음의 덕이요 사랑의 이치이니 자애慈愛는 인의 쓰임이고, 측은은 인의 실마리이다.

･･･

맹자는 우리의 마음에 인의예지의 단서가 있다 보고, '네 가지 단서'라는 뜻의 사단四端이라 불렀다. 사단에는 측은지심, 수오지심, 사양지심, 시비지심이 있다.

"사람들이 모두 남에게 차마 잔인하게 굴지 못하는 마음이 있다"고 말하는 까닭은 이러하다. 지금 사람들이 우물에 빠지려는 어린애를 문득 본다면, 모두들 깜짝 놀라고 측은히 여기는 마음이 일어날 것이다. 그 까닭은 그 어린애의 부모와 친분이 있어서도 아니고, 동네 사람들과 친구들에게 칭찬을 받으려고 해서 그러는 것도 아니며, 구해주지 않았다고 비난받기가 싫어서 그러는 것도 아니다. 이런 점으로 살펴본다면, 측은히 여기는 마음이 없으면 사람이 아니고, 부끄러워하거나 미워하는 마음이 없으면 사람이 아니다. 또 사양하는 마음이 없으면 사람이 아니며, 옳고 그름을 가리는 마음이 없으면 사람이 아니다.
　측은히 여기는 마음은 인仁의 실마리요, 부끄러워하거나 미워하는 마음은 의義의 실마리이다. 사양하는 마음은 예禮의 실마리요, 옳고 그름을 가리는 마음은 지知의 실마리이다. -《맹자》〈공손추 상〉

094. 잠시도 떠나지 말아라

造 | 次 | 弗 | 離
조차 조   조차 차   아닐 불   떠날 리

孔子曰 君子는 無終食之間違仁하여 造次必於是라하시니 仁之不可離 如此라
공자왈 군자는 무종식지간위인하여 조차필어시라하시니 인지불가리 여차라

공자께서 "군자는 밥 한 그릇을 먹는 짧은 시간에도 인에서 떠남이 없어, 급하고 경황이 없을 때에도 마음을 반드시 인에 둔다" 하셨다. 인을 떠날 수 없음이 이와 같다.

・・・

> 부귀富貴는 사람들이 바라는 것이지만, 올바른 방법으로 얻은 것이 아니라면 누리지 말아야 한다. 빈천貧賤은 사람들이 싫어하는 것이지만, 마땅하게 얻어진 것이라면 벗어나려고 하지 말아야 한다. 군자가 인仁을 떠나서 어찌 명예를 얻겠느냐? 군자는 밥 한 그릇을 먹는 짧은 시간에도 인仁에서 떠나면 안되니, 급하고 경황이 없을 때에도 마음을 반드시 인에 두며, 넘어지고 자빠지는 순간에도 마음을 반드시 인에 두어라. -《논어》〈이인편里仁篇〉

주해에서 인용한 부분이 위에서 살펴본《논어》〈이인편〉이다. 공자는 부나 권력보다도 먼저 어진 마음을 가져야 한다고 역설했다. (인을) 잠시도 떠나지 말라는 말은 바로 이를 의미한다.

095. 절개의 의리와 청렴과 물러남은

節 | 義 | 廉 | 退
마디 절 옳을 의 청렴 염 무릎 퇴

砥節守義하고 礪廉勇退는 士大夫之所以操心飭躬者也라
지절수의하고 여염용퇴는 사대부지소이조심칙궁자야라

절개를 힘쓰고 의를 지키며 청렴을 힘쓰고 용감하게 물러남은 사대부가 마음을 잡아두고 몸을 삼가는 것이다.

...

'의를 지키며 용감하게 물러난다'는 말은 백이^{伯夷}와 숙제^{叔齊}의 일화에서 유래했다. 이들은 주나라의 무왕이 은나라의 주왕을 정벌하자, 자신의 주군을 친 무왕의 행동이 의롭지 않다고 생각하고 그가 세운 주나라의 곡식을 먹으며 살지 않겠다며 산에 들어가 고사리만 캐어 먹다 절개를 지키며 죽었다. 이에 마음이 맑고 곧은 사람을 뜻하는 백이숙제^{伯夷叔齊}라는 성어가 생겼다.

> 백이^{伯夷}는 섬길 만한 임금이 아니면 섬기지 않았고, 사귈 만한 친구가 아니면 사귀지 않았다. 악한 사람의 조정에는 서지 않았고, 악한 사람과는 말도 하지 않았다. 악한 사람의 조정에 서서 악한 사람과 말하는 것을 마치 관복을 차려입고서 진흙이나 숯더미에 앉는 것처럼 여겼다. 악을 미워하는 그의 마음으로 미뤄 본다면, 마을 사람과 함께 섰다가 그 사람의 관이 비뚤어졌다고 하면 마치 자기까지 더러워지기라도 할 듯이 부끄러워하며 가버리려고 생각한 것이다. - 《맹자》 〈공손추 상〉

096. 넘어지고 자빠지는 순간에도 이지러뜨릴 수 없다

顚 沛 匪 虧

엎어질 **전**　자빠질 **패**　아닐 **비**　이지러질 **휴**

雖患難顚沛之際라도 不可使節義廉退之操로 有一分虧缺也라
수환난전패지제라도 불가사절의염퇴지조로 유일분휴결야라

비록 어려움이 겹쳐 넘어지고 자빠질 즈음에 있더라도 '절개와 의리와 청렴과 물러남'의 몸가짐이 일 푼이라도 이지러지게 해서는 안 된다.

· · ·

이 부분 역시 앞서 살펴본 《논어》〈이인편〉과 관련이 있다. 공자가 한 말 중, "군자는 밥 한 그릇을 먹는 짧은 시간에도 인에서 떠나면 안 되니, 급하고 경황이 없을 때에도 마음을 반드시 인에 (두며, 넘어지고 자빠지는 순간에도 마음을 반드시 인에) 두어라." 라는 말에서 따온 것이다.

097. 성품이 고요하면 감정도 편안해지고

性 | 靜 | 情 | 逸
성품 성　고요 정　뜻 정　편안 일

人生而靜者爲性也요 感物而動者爲情이니 縱逸도 亦動之意也라
인생이정자위성야요 감물이동자위정야니 종일도 역동지의야라

사람이 태어나 고요할 때에는 본성 그대로이고, 사물에 감동되어 움직이면 정情이 되니, 방종과 안일도 또한 움직이는 것(정)의 뜻이다.

．．．

성과 정은 차이가 있다. 성, 즉 성품은 본래 인간이 가지고 있는 기질이고, 정은 바깥의 다른 대상에 의해 마음이 움직이면 일어나는 감정이다.

098. 마음이 흔들리면 정신도 피로해진다

心 動 神 疲
마음 **심**   움직일 **동**   정신 **신**   피곤할 **피**

心은 統性情者也니 心若逐物而動하여 淵淪天飛하면
則不能全其性하여 而使神氣疲倦也라
심은 통성정자야니 심약축물이동하여 연륜천비하면
즉불능전기성하여 이사신기피권야라

마음은 성性과 정情을 통합하고 있으니, 마음이 만일 사물에 따라 움직여 못 속에 빠지거나 하늘에 날면 그 성性을 온전히 보전하지 못해, 신기神氣를 지치게 한다.

···

명심보감에서는 화를 내거나 생각이 많은 등 마음을 가라앉히지 못하는 것이 병의 근원이라고 하였다.

> 분노가 심하게 일어나 한쪽으로 치우치게 되면 기운이 상하게 되고, 생각이 너무 많으면 정신이 손상된다. 정신이 피로해지면 마음도 피로해지고 기운도 약해져서 큰 병을 얻게 된다. - 《명심보감》〈정기편〉

099. 참을 지키면 의지가 충만해지고

守 眞 志 滿
지킬수 참진 뜻지 찰만

眞은 道也니 守道則心體虛明하여 無係著하고 無虧欠이라
故로 曰志滿이라하니 滿은 平滿之意라 與書經志不可滿之滿으로 異하니라
진은 도야니 수도즉심체허명하여 무계착하고 무휴결이라
고로 왈지만이라하니 만은 평만지의라 여서경지불가만지만으로 이하니라

진眞은 도道이니, (마음이) 도를 지키면 마음과 몸이 깨끗하고 밝아져 집착이 없고 모자람도 없다. 그러므로 '지만志滿'이라고 하였으니, 만滿은 평평하고 가득하다는 뜻이다. 《서경》에서 "뜻은 스스로 만족히 여기지 말라志不可滿"고 한 만滿과는 다르다.

▶ 이 내용은 《서경》에 보이지 않고, 《예기》〈곡례(曲禮)〉에 보인다.

100. 사물을 쫓으면 뜻이 옮겨진다

逐 物 意 移
좇을 축　것 물　뜻 의　옮길 이

不能守道而逐物於外하면 則心無定向하여 而意自移矣라
불능수도이축물어외하면 즉심무정향하여 이의자이의라

마음이 도를 지키지 못하여 밖의 사물을 쫓게 되면, 마음에 일정한 방향이 없어져 뜻이 저절로 옮겨지게 된다.

...

> 짐승을 쫓는 사람은 산을 보지 못하니, 욕심이 밖으로 돌아나오면 총명한 슬기가 가려지기 때문이다逐獸者, 不見山, 嗜慾在外, 則明所蔽矣.
> 사슴을 쫓는 사람은 토끼를 돌아보지 않으며, 천금의 재물을 흥정하는 사람은 한두 푼 가치를 다투지 않는다. -《회남자淮南子》〈설림훈說林訓〉

위 인용구에서 등장하는 짐승을 쫓는 사람逐獸者이란 단순히 사냥꾼을 말하는 것이 아니라, 권력을 추구하고 높은 지위를 얻기 위해 남과 경쟁하는 이를 비유하는 말이다. 사냥꾼이 사슴만 바라보느라 다른 사냥감이나 주변 풍경을 보지 못하듯, 권력을 좇는 이 역시 시야가 좁아져 어리석어짐을 비판한 것이다.

이에 사슴을 쫓는 일, 즉 축록逐鹿이 '제위나 정권 따위를 얻으려고 다투는 일'을 지칭하는 단어가 되었다.

101. 바른 지조를 굳게 잡으면

堅 持 雅 操
굳을 견　가질 지　바를 아　절조 조

固守正節하여 惟當盡在我之道而已니라
고수정절하여 유당진재아지도이이니라

바른 절개를 굳게 지켜, 오직 내게 있는 도리를 다할 뿐이다.

· · ·

> 천작天爵, 즉 하늘이 내려준 작위도 있고, 인작人爵, 즉 임금이 내려준 작위도 있다. 인의충신仁義忠信과 선행을 즐겨 물리지 않는 덕성이 바로 천작이고, 공경대부公卿大夫 같은 관작이 바로 인작이다. - 《맹자》〈고자 상〉

맹자는 우리가 흔히 아는 벼슬을 '사람이 내린 작위(인작)'라 칭하고, 어진 성품을 인작보다 높은 '하늘이 내린 작위(천작)'라고 했다. 이러한 비유를 통해 맹자는 올바른 성품을 갖추려 노력하는 것이 우선이며, 덕을 먼저 갖추면 벼슬이라는 명예와 부귀도 얻을 수 있음을 이야기하고 있다.

102. 좋은 벼슬이 저절로 따른다

好 爵 自 縻
좋을호 벼슬작 스스로자 얽힐미

在我之道旣盡이면 則祿在其中이라
易曰 我有好爵하여 吾與爾縻之라하니 卽所謂修其天爵而人爵自至也라
재아지도기진이면 즉록재기중이라
역왈 아유호작하여 오여이미지라하니 즉소위수기천작이인작자지야라

내게 있는 도리를 이미 다하면 작록爵祿은 그 가운데 있다. 《주역》에 "내게 좋은 벼슬이 있으니, 내 그대와 함께 소유한다" 하였으니, 이른바 "천작天爵을 닦으면 인작人爵이 저절로 이른다"는 것이다.

5장

위대한 제국을 세우다

103. 중화의 도읍은

都 | 邑 | 華 | 夏
도읍 **도**   고을 **읍**   중화 **화**   화하 **하**

都邑之在華夏者 隨代而異也하니
도읍지재화하자 수대이이야하니

중화에 있는 도읍은 시대에 따라 달랐으니

• • •

주나라 때 네 현縣을 도都라 했으며, 네 정井을 읍邑이라 했다. 화하華夏는 중국을 달리 이르는 말이며, 천자문에서는 중국의 명칭과 관련된 의미로 쓰였으나 오늘날 한국에서 화華는 '빛나다', 하夏는 '여름'이라는 뜻으로도 많이 쓰인다.

104. 동쪽과 서쪽의 두 서울이다

東 | 西 | 二 | 京
동녘 **동** | 서녘 **서** | 두 **이** | 서울 **경**

東京은 洛陽이니 東周東漢魏晉石趙後魏都焉하고
西京은 長安이니 西周秦西漢後秦西魏後周隋唐都焉하니라
동경은 낙양이니 동주동한위진석조후위도언하고
서경은 장안이니 서주진서한후진서위후주수당도언하니라

동경은 낙양이니, 동주와 동한, 위, 진晉, 석조(石趙 : 석륵石勒이 세운 후조後趙), 후위後魏가 도읍하였다. 서경은 장안이니, 서주와 진秦, 서한, 후진後秦, 서위西魏, 후주後周, 수, 당이 도읍하였다.

∴

여기에서 말하는 '두 서울'은 각각 낙양과 장안을 말한다. 주나라 유왕이 외적의 침입을 받아 죽은 뒤 세워진 동주東周, 한나라, 위나라 등의 나라가 낙양을 도읍으로 삼아 나라를 다스렸다.

서경, 즉 서쪽의 서울은 장안으로, 천하를 통일한 진시황의 진나라와 수나라, 당나라 등이 이곳을 도읍으로 삼았다. 이처럼 낙양과 장안은 곧 치열했던 중국 역사의 중심지였다.

105. 망산을 뒤에 두고 낙수를 바라보며

背 邙 面 洛
등 배   뫼 망   낯 면   낙수 락

東京은 則邙山在其北하고 洛水經其南이라
동경은 즉망산재기북하고 낙수경기남이라

동경은 망산이 북쪽에 있고, 낙수가 남쪽을 지나간다.

...

북망산에는 후한의 황제들과 당나라 송나라 때 명신들의 무덤이 많아, 저승을 상징하는 뜻으로도 많이 쓰였다. 강의 북쪽을 양陽이라 하고, 남쪽을 음陰이라 한다. 그래서 낙수의 북쪽에 있는 도읍을 낙양洛陽, 한강의 북쪽에 있는 도읍을 한양漢陽이라 부르게 되었다.
우임금이 홍수를 다스릴 때 낙수에서 신령한 거북이 나타났는데, 그 등에 무늬가 새겨져 있었다. 그것을 보고 지은 글이 〈홍범洪範〉이다. 복희씨가 황하에서 나타난 용마의 무늬를 보고 팔괘八卦를 만든 것과 합쳐 하도낙서河圖洛書라고 한다.

106. 위수에 뜨고 경수에 웅거한다

浮 渭 據 涇
뜰 부　위수 위　누를 거　경수 경

西京은 則涇渭二水橫其西北하니 此는 言二京之形勝也라
서경은 즉경위이수횡기서북하니 차는 언이경지형승야라

서경은 경수와 위수 두 강물이 서북쪽을 가로질러 흐른다. 이는 (동경과 서경) 두 서울의 형세와 경치를 말한 것이다.

· · ·

위수는 주나라의 문왕이 낚시를 하고 있던 강태공을 처음 만난 곳이기도 하다.

> 문왕이 사냥을 나가려고 (어떤 동물을 잡게 될지) 점을 쳤는데, (그가 잡을 동물이) 용도, 이무기도, 곰도, 호랑이나 표범도 아니지만, 천하를 제패하는 데 도움을 주는 신하가 될 것이라는 점괘가 나왔다. 문왕은 그날 과연 위수渭水의 북쪽에서 낚시질하던 강태공을 만나게 되었고, 그를 스승으로 모셨다. - 《십팔사략十八史略》

107. 궁전이 빽빽하게 들어찼고

宮 | 殿 | 盤 | 鬱
집 **궁**　　집 **전**　　서릴 **반**　　울창할 **울**

端居를 謂之宮이요 臨御를 謂之殿이라 盤鬱은 攢簇之意라
단거를 위지궁이요 임어를 위지전이라 반울은 찬족지의라

(임금이) 단정히 거처하는 곳을 궁宮이라 하고, 납시는 곳을 전殿이라 한다. 반울
盤鬱은 모여 있다는 뜻이다.

· · · ·

주해에서는 반울을 '모여 있다'로 설명했으나, 이는 궁전의 거대하고 웅장한 규모를 함축적으로 설명하는 구절이기도 하다.
또한 주해에서 말하듯 '궁'은 왕이 생활하는 곳이고, '전'은 왕이 일과를 보기 위해 들르는 곳이다. 그렇기에 경복궁 내에서도 왕이 의식을 치르거나 업무를 보았던 근정전, 사정전 등의 건물에는 '전'이라는 이름이 붙은 것이다.

108. 누관은 날아가는 듯, 놀라 모양을 바꾸는 듯하다

樓 | 觀 | 飛 | 驚
다락 누 | 집 관 | 날 비 | 놀랄 경

憑眺를 謂之樓요 延覽을 謂之觀이라 飛驚은 翟革之貌라
빙조를 위지루요 연람을 위지관이라 비경은 적혁지모라

기대어 보는 곳을 누樓라 하고, 멀리 바라보는 곳을 관觀이라 한다. 비경飛驚은 꿩이 (날아가다가 놀라) 모양을 바꾸는 듯한 모습이다.

...

누관이 날개를 펼치고 솟구치며 날아가는 새와 같다는 말 역시, 높고 거대한 누관의 위엄을 비유적으로 나타내는 표현이다.
이 두 구절은 단순히 건축물의 크기를 이야기하는 것이 아니라, 궁전과 누관이라는 상징물을 통해 나라의 위대함을 비유적으로 표현하고 있다.

109. 새와 짐승을 그리고

圖 | 寫 | 禽 | 獸
그림 도 | 그릴 사 | 새 금 | 짐승 수

宮殿樓觀에 必圖寫龍虎麟鳳之狀하여 以爲美觀也라
궁전누관에 필도사룡호린봉지상하여 이위미관야라

궁전과 누관에는 반드시 용과 범, 기린과 봉황의 모습을 그려 아름다운 볼거리를 삼았다.

⋯

주해에서 언급되는 용, 범, 기린과 봉황은 모두 '사령四靈'이라 불린 동물들이다. 사령이란 네 마리四의 신령스러운靈 동물이라는 뜻으로, 전설 속에 등장하는 신성한 영물을 말한다. 《예기》에도 사령의 종류를 설명하는 대목이 있다.

> 어떤 것을 사령이라고 하는가? 기린과 봉황, 거북과 용을 사령이라고 한다. -《예기》〈예운편〉

110. 신선과 신령을 그려 색칠하였다

畫 | 彩 | 仙 | 靈
그릴 **화**　　채색 **채**　　신선 **선**　　신령 **령**

亦以五采로 畫神仙靈怪之物也라
역이오채로 화신선영괴지물야라

또한 다섯 가지 색으로 신선과 신령스럽고 기괴한 물건들을 그려 놓았다.

· · ·

충청남도에서 채록된 이야기 중 이런 것이 있다.
어느 재상의 딸이 《천자문》을 잘하는 사람과 혼인하겠다고 해서 《천자문》을 잘하는 신랑감을 구했는데, 여러 사람이 찾아왔다가 모두 시험에 통과하지 못하고 떠났다. 그러다 어느 사람이 생강을 지고 찾아와 "채중개강菜重芥薑이라. 생강 사쇼!" 해서 신랑감으로 뽑혔다. 그러나 혼인 첫날밤 병풍에 쓴 글을 읽게 하자 제대로 읽지 못했다. 화채선령畫彩仙靈이라고 해야 할 것을 전혀 다른 글자인 도사금수圖寫禽獸라고 한 것이다. 이 사람은 글자도 모르고 《천자문》을 외웠다가 들통난 셈인데, 《천자문》이 그만큼 뜻을 알고 외우기 어렵다는 말이기도 하다.

111. 병사를 옆에 열어 놓았고

丙 | 舍 | 傍 | 啓
남녘 병 | 집 사 | 곁 방 | 열 계

丙舍는 殿前左右之舍니 侍臣所居가 相向兩傍而開也라
병사는 전전좌우지사니 시신소거가 상향양방이개야라

병사丙舍는 전殿 앞의 좌우에 있는 집이니, 시신侍臣이 거처하는 곳이 서로 양쪽을 향하여 펼쳐져 있다.

∴

주해에서 말하는 시신侍臣은 다른 말로 근신近臣이라고도 하는데, '모시다侍', '가깝다近'라는 뜻의 글자에서 짐작할 수 있듯 '임금을 가까이에서 모시던 신하'를 말한다.

112. 갑장도 기둥 사이에 마주하고 있다

甲 | 帳 | 對 | 楹
육갑 **갑**   장 **장**   대할 **대**   기둥 **영**

東方朔이 造甲乙帳하니 人君暫止之處가 分對於兩楹之間也라
동방삭이 조갑을장하니 인군잠지지처가 분대어양영지간야라

동방삭이 갑을장甲乙帳을 만들었는데, 임금이 잠시 머무는 곳이 두 기둥 사이에 나뉘어 마주하고 있다.

...

동방삭이 만들었다는 갑을장이란 임금이 잠시 머무르는 사치스런 장막帳幕이다. 갑을장은 하나의 장막이 아니라 갑장, 을장 두 개의 장막을 통틀어 일컫는 말인데, 갑장은 신을 위한 장막, 을장은 임금을 위한 장막이었다. 장막에 대한 설명은 《사물기원》에서 등장하며, 한나라 무제의 일생을 담은 《한무고사漢武故事》에 동방삭이 한나라 무제를 위해 갑을장을 만들어 주는 장면이 나온다.

> 옆에다 길게 치는 것을 장帳이라 하고, 위에다 치는 것을 막幕이라 한다. 모두 천으로 되어 있으며, 주나라 제도에도 장막을 쳤다. -《사물기원》
>
> 유리, 주옥, 명월주, 야광주 등의 여러 가지 보물로 갑장을 만들고, 다음으로 을장을 만들었다. 갑장은 신神이 있는 곳에 치고, 을장은 임금이 계신 곳에 쳤다. - 《한무고사漢武故事》

113. 자리를 펴고 방석을 늘어놓았으며

肆 | 筵 | 設 | 席
베풀 **사**　자리 **연**　베풀 **설**　자리 **석**

詩大雅行葦篇之詞니 言燕會之際에 排列筵席也라
시대아행위편지사니 언연회지제에 배열연석야라

이는 《시경》 대아^{大雅} 〈행위^{行葦}〉편에 있는 말이니, 연회할 때에 자리와 방석을 배열함을 말했다.

∴

> 정다운 우리 형제들이　　戚戚兄弟^{척척형제}
> 멀리 떨어지지 않고 함께 있으면,　莫遠具爾^{막원구이}
> 자리 펴고 안석을 바쳐　　或肆之筵^{혹사지연}
> 잔칫상을 벌이리라.　　　或授之几^{혹수지궤}
> – 《시경》〈행위〉

여기에서 연^筵과 석^席은 둘 다 오늘날 '자리'의 의미로 풀이되지만, 사실 둘 사이에는 차이가 있다. 연^筵은 돗자리처럼 바닥에 한 겹만 깐 자리를 말하고, 석^席은 그 위에 다시 편안한 방석을 겹쳐 깐 자리를 말한다. 이 구절의 바탕이 된 시는 제사를 끝낸 뒤에 부형과 노인들에게 잔치를 베푸는 시로, 이때 젊은이에게는 홑겹 자리만을 깔아주고, 늙은이에게는 안석을 마련해준 뒤에 잔치를 시작하였다.

114. 비파를 타고 생황을 분다

鼓 | 瑟 | 吹 | 笙
탈고 　 금슬슬 　 불취 　 생황생

詩小雅鹿鳴篇之詞니 言燕會之時에 迭走笙瑟也라
시소아록명편지사니 언연회의시에 질주생슬야라

이는 《시경》 소아小雅 〈녹명鹿鳴〉편에 있는 말이니, 연회를 할 때에 생황과 비파를 차례로 연주함을 말했다.

...

끼륵끼륵 사슴이 울며	呦呦鹿鳴유유록명
들판에서 개제비쑥을 뜯어먹네.	食野之苹식야지평
내게 반가운 손님이 오셔서	我有嘉賓아유가빈
비파를 타고 생황을 부네.	鼓瑟吹笙고슬취생
- 《시경》 〈녹명〉	

위의 시는 반가운 손님을 맞아 잔치를 즐기는 시이다. 사슴이 먹이를 발견하면 끼륵끼륵 울면서 벗들을 불러 함께 풀을 뜯는 것처럼, 반가운 손님을 맞아 술과 노래를 함께 즐기는 모습을 노래했다.

115. 섬돌로 오르고 섬뜰로 들어가니

陞 | 階 | 納 | 陛
오를 승　섬 계　드릴 납　섬 폐

階在堂外하니 諸臣所陞이요 陛在堂內하니 尊者之陛라
曰 納陛는 謂鑿殿基爲陛하여 納于霤下하여 不使露而陞也라
계재당외하니 제신소승이요 폐재당내하니 존자지폐라
왈 납폐는 위착전기위폐하여 납우류하하여 불사로이승야라

섬돌階은 당堂 밖에 있으니 여러 신하들이 오르는 계단이고, 섬뜰陛은 당 안에 있으니 존자가 오르는 계단이다. 납폐納陛라고 말한 것은 궁전의 터를 파서 섬뜰陛을 만들어 용마루 아래로 들어가, 겉으로 드러나지 않고 오르게 했기 때문이다.

116. 고깔의 구슬 움직임이 별인가 의심된다

弁 | 轉 | 疑 | 星
관**변**　구를**전**　의심**의**　별**성**

弁有三梁五梁七梁之別하니 梁皆有珠라
群臣升降之際에 見弁珠環轉如星하니 詩曰 會弁如星이 是也라
변유삼량오량칠량지별하니 양개유주라
군신승강지제에 견변주환전여성하니 시왈 회변여성이 시야라

고깔에는 삼량, 오량, 칠량의 구별이 있는데, 양梁에는 모두 구슬이 달려 있다. 여러 신하들이 오르내리는 사이에 고깔의 구슬이 별같이 도는 것을 볼 수 있으니, 《시경》에 "관을 꾸민 자리가 별 같다"라고 한 것이 이것이다.

・・・

빛나는 군자시여.	有匪君子 유비군자
아름다운 옥돌을 귀에 달고	充耳琇瑩 충이수영
관을 꾸민 구슬들은 별과 같아라.	會弁如星 회변여성
의젓하고 당당하시며	瑟兮僩兮 슬혜헌혜
빛나고 훤하시니,	赫兮咺兮 혁혜훤혜
아름다운 우리 군자를	有匪君子 유비군자
내내 잊을 수 없어라.	終不可諼兮 종불가훤혜
- 《시경》〈기욱淇奧〉	

117. 오른쪽으로는 광내와 통하고

右 | 通 | 廣 | 內
오른우 사무칠통 넓을광 안내

漢正殿之右에 有延閣廣內하니 皆藏秘書之室이라
한정전지우에 유연각광내하니 개장비서지실이라

한나라 정전의 오른쪽에 연각延閣과 광내廣內가 있으니, 모두 궁중의 책을 간직하는 곳이다.

118. 왼쪽으로는 승명과 통한다

左 達 承 明
왼 **좌**　사무칠 **달**　이을 **승**　밝을 **명**

有承明廬 石渠閣이 在金馬門左하니 亦校閱書史之室이라
유승명려 석거각이 재금마문좌하니 역교열서사지실이라

승명려와 석거각이 금마문의 왼쪽에 있으니, 또한 책과 역사를 교열하는 집이다.

· · ·

승명려는 승명전의 부속 건물로, 승명전은 광내전에 들어갈 책을 교열하고 자료를 모아 책을 만드는 곳이었다.

> 오경五經과 모든 유학의 경전, 그 밖의 잡동산이들이 석거각에 있다.－《한서漢書》〈시수전施讐傳〉
>
> 승명려는 석거각 밖에 있는데, 숙직하고 쉬는 곳을 려廬라고 한다.－《한서》〈엄소전嚴助傳〉

119. 이미 삼분과 오전을 모으고

旣 | 集 | 墳 | 典
이미 기   모을 집   클 분   법 전

三皇書曰三墳이니 言高大也요 五帝書曰五典이니 言可法也라
不言九丘八索諸經百家는 擧大包小也라
삼황서왈삼분이니 언고대야요 오제서왈오전이니 언가법야라
불언구구팔삭제경백가는 거대포소야라

삼황三皇의 책을 삼분三墳이라 하니, (그 내용이) 높고도 크다는 뜻이다. 오제五帝의 책을 오전五典이라 하니, (그 내용이) 본받을 만하다는 뜻이다. 구구九丘와 팔색八索, 여러 경서와 백가서百家書를 말하지 않은 것은 큰 것을 들어 작은 것을 포함한 것이다.

・・・

삼황오제는 중국의 전설적인 군주들을 일컫는 말이다. 삼황은 복희伏羲, 신농神農, 황제黃帝이고, 오제는 소호少昊, 전욱顓頊, 제곡帝嚳, 제요帝堯, 제순帝舜을 가리킨다. 이 외에도 주해에서 언급된 구구九丘는 구주九州에 대한 책이고, 팔색八索은 팔괘에 대한 책이라고 한다.

120. 또한 뭇 영재들을 모았다

亦 | 聚 | 群 | 英
또 **역**　모을 **취**　무리 **군**　영웅 **영**

旣集墳典하고 又必徵訪英賢하여 聚於廣內承明하여 講明討論하여 以昭治道也라
기집분전하고 우필징방영현하여 취어광내승명하여 강명토론하여 이소치도야라

이미 삼분과 오전을 모아놓고 또 반드시 영재와 현자들을 부르고 방문하여, 광내와 승명에 모아놓고 강의하거나 토론하여 다스리는 도리를 밝혔다.

· · ·

삼분과 오전은 고대 역사와 문화를 기록한 책들이다. 이 책을 바탕으로 가르치고 토론하며 나라를 이끈 것이니. 나라를 이끄는 데 있어 인문학적 자산의 중요성을 보여주는 구절이다.

> 구거원은 난릉蘭陵 사람이다. … 어릴 때부터 공부하기를 좋아했는데, 집이 매우 가난해서 지붕에서 비가 새었나. 서원은 삼분三墳과 오전五典이 젖을까 봐 걱정이 되어, 입고 있던 옷을 벗어서 책을 감쌌다. 책은 온전히 보전했지만, 그의 옷은 흠뻑 젖었다. -《남사南史》권72 〈구거원전丘巨源傳〉

121. 두조의 초서와 종요의 예서이고

杜 | 槀 | 鍾 | 隸
두가 **두**　글초 **고**　종가 **종**　예서 **례**

蒼頡造書러니 三代互有損益하며 秦隸人程邈은 作隸書하고
東漢杜操는 作草書하고 魏鍾繇는 作小隸하니 今楷字也라
창힐조서러니 삼대호유손익하며 진예인정막은 작예서하고
동한두조는 작초서하고 위종요는 작소예하니 금해자야라

창힐이 글자를 만들었는데, (하, 은, 주) 삼대에 서로 줄고 늘었다. 진나라 예인隸人 정막은 예서를 만들고, 동한의 두조는 초서를 만들었다. 위나라 종요는 소예를 만들었으니, 지금의 해서이다.

· · ·

예서, 초서와 같은 글씨체를 아울러 사체四體 라고 하는데, 이는 서예에서 쓰인 네 가지 서체를 말한다. 초서는 빠르게 흘려 쓰는 서체, 해서는 단정하고 정돈된 서체, 전서는 도장에 많이 쓰이는 근엄한 서체, 예서는 주로 궁궐 건물의 편액에 쓰인 장식 서체다.

122. 옻칠로 쓴 벽 속의 경서이다

漆 | 書 | 壁 | 經
옻 **칠**   글 서   바람 **벽**   글월 **경**

漢魯恭王이 修孔子廟라가 壞古牆壁하여 得尙書하니
以古篆으로 畫漆書於竹簡者也라 得於孔壁이라 故로 曰壁經이라
한노공왕이 수공자묘라가 괴고장벽하여 득상서하니
이고전으로 화칠서어죽간자야라 득어공벽이라 고로 왈벽경이라

전한前漢 때 노나라 공왕이 공자의 사당을 수리하다가 옛 벽을 헐면서 《상서》를 얻었는데, 옛 전자篆字로 죽간에 옻칠하여 쓴 것이었다. 공자 사당의 벽에서 얻었으므로 벽경壁經이라고 했다.

123. 부에는 장수와 재상이 벌여 있고

府 羅 將 相
마을 부 　 벌 라 　 장수 장 　 정승 상

皇居左右에 府第羅列하니 或將或相야라
황거좌우에 부제나열하니 혹장혹상야라

황제가 거처하는 좌우에 부서府署와 집이 나열되어 있으니, 어떤 것은 장수, 어떤 것은 재상이 있는 곳이다.

124. 길 양옆에는 괴와 경이 늘어서 있다

路 | 夾 | 槐 | 卿
길 노 　 낄 협 　 회화 괴 　 벼슬이름 경

路는 王朝之路라 夾路左에 植三槐하니 三公位焉하고
右植九棘하니 九卿位焉이라 槐는 謂三公也라
로는 왕조지로라 협로좌에 식삼괴하니 삼공위언하고
우식구극하니 구경위언이라 괴는 위삼공야라

노路는 조정의 길이다. 길 왼쪽에는 세 그루의 회화나무를 심었으니 삼공의 자리이고, 길 오른쪽에는 아홉 그루의 가시나무를 심었으니 구경의 자리이다. 괴槐는 삼공을 뜻한다.

・・・

조정의 법을 맡은 사람들은 왼편으로 아홉 그루의 가시나무가 있으니, 고경대부孤卿大夫가 앞자리에 있고 모든 선비는 그 뒷자리에 있다. 오른편에도 아홉 그루의 가시나무가 있으니, 공후백자남公侯伯子男이 앞자리에 있고 여러 관리들이 그 뒷자리에 있다. 세 그루 회화나무를 바라보고 삼공이 자리한다. -《예기》〈왕제편〉

삼공은 승상丞相, 태위太尉, 어사대부御史大夫이고, 구경은 태상太常, 광록光祿, 위위衛尉, 태복太僕, 정위廷尉, 홍려鴻臚, 종정宗正, 소부少府, 사농司農이다. 이외에도 황제를 모시는 관직에는 27명의 '대부'와 81명의 '원사'가 있었다.

125. 호로 팔현을 봉해 주었고

戶 封 八 縣
민호**호**   봉할**봉**   여덟**팔**   고을**현**

漢平定天下하고 大封功臣할새 重者는 食八縣民戶하여 爲侯國하니라
한평정천하고 대봉공신할새 중자는 식팔현민호하여 위후국하니라

한나라가 천하를 평정하고 공신을 크게 봉했는데, (공이) 무거운 자는 여덟 현의 민호에서 (바치는 세금을 받아) 먹어 제후국이 되었다.

· · ·

천자의 땅은 사방 천 리인데 100개의 현縣으로 나누었으며, 현에는 4개의 군郡이 있다. -《주제周制》

천자의 제도는 땅이 사방 천 리이고, 공公과 후侯는 모두 사방 백 리, 백伯은 칠십 리, 자子와 남南은 오십 리이니, 모두 네 등급이다. 사방 오십 리가 되지 못하는 나라는 천자에게 직접 조공을 가지 못하고 다른 제후에게 부속했으므로, 부용附庸이라고 불렀다. -《맹자》〈만장 하〉

126. 가에는 천병을 주었다

家 | 給 | 千 | 兵
집 **가** | 줄 **급** | 일천 **천** | 군사 **병**

侯國에 許置兵千人하여 以衛其家하니라
후국에 허치병천인하여 이위기가하니라

제후국에 1천 명의 병사를 두어 그 집을 지키도록 허락하였다.

127. 높은 관으로 (임금의) 연을 모시고

高 冠 陪 輦
높을고 관관 모실배 연련

諸侯出이면 則有高冠大帶之士 左右陪輦也라
제후출이면 즉유고관대대지사 좌우배련야라

제후가 나가면 높은 관을 쓰고 큰 띠를 맨 인사들이 좌우에서 연輦을 모셨다.

· · ·

연輦은 왕족이 타는 가마나 손수레를 통칭하는 말이다.

128. 수레를 몰면 끈이 흔들린다

驅 轂 振 纓
몰구 　 수레통곡 　 떨진 　 끈영

諸侯從者驅轂而行하면 振動其車馬之纓旒也라
제후종자구곡이행하면 진동기거마지영류야라

제후의 종자가 수레를 몰아 달려가면 수레와 말의 끈과 술이 흔들린다.

･ ･ ･

오색 꿩깃 꽂은 깃대 우뚝 솟아 　 　 孑孑干旌혈혈간정
준읍 성채에 나부끼네. 　 　 在浚之城재준지성
흰 명주실 술을 깃발에 달고 　 　 素絲祝之소사축지
좋은 말 여섯 필이 수레를 끄네. 　 　 良馬六之양마육지
- 《시경》 국풍 〈간모干旄〉

129. 대대로 녹을 받아 사치하고 부유하니

世 | 祿 | 侈 | 富
대 세   녹 록   사치 치   부자 부

功臣子孫이 世享祿位하여 侈大富盛也라
공신자손이 세향록위하여 치대부성야라

공신의 자손이 대대로 녹봉과 지위를 누려 사치하고도 부유하다.

130. 수레와 말이 살찌고 가볍다

車 | 駕 | 肥 | 輕
수레 거   메울 가   살찔 비   가벼울 경

其所乘之車輕하고 其所駕之馬肥也라
기소승지거경하고 기소가지마비야라

타는 수레가 가볍고 멍에를 맨 말이 살쪘다.

· · ·

> 적赤이 제나라에 (사신으로) 갈 적에는 살찐 말을 타고 가벼운 갖옷을 입었다고 내가 들었다子曰, 赤之適齊也, 乘肥馬, 衣輕裘, 吾聞之也. - 《논어》〈옹야편〉

주해에서는 "수레가 가볍고 말이 살쪘다"고 풀었지만, 《논어》에 의하면 비경肥輕이라는 단어를 사치스러운 생활을 나타내는 표현인 비마경구(肥馬輕裘, 살찐 말과 가벼운 갖옷)의 준말로 볼 수도 있다. 여우의 겨드랑이털로 만든 갖옷은 가벼울수록 상품上品이었으므로, 부자들은 가벼운 갖옷을 입고 다녔다. 말이 살쪄서 힘이 넘치기 때문에 수레가 가벼웠다고 해석해도 사치스럽다는 뜻은 마찬가지이다.

131. 공적을 기록하여 실적을 힘쓰게 하고

策 | 功 | 茂 | 實
죽책 **책**   공 **공**   힘쓸 **무**   진실 **실**

紀績曰策功이라 茂實은 懋實也니 功懋懋賞之意라
기적왈책공이라 무실은 무실야니 공무무상이의라

공적을 기록하는 것을 책공策功이라 한다. 무실茂實은 실적을 (상 주어) 격려하는 것이니, "공이 많은 사람에게는 상을 많이 준다"는 뜻이다.

· · ·

> 임금님께선 노래와 여색을 가까이하지 않으시고, 재물과 이익을 늘리지 않으셨습니다. 덕이 많은 사람에게는 벼슬을 많이 주시고, 공이 많은 사람에게는 상을 많이 내리셨습니다. 사람을 쓸 때에는 자신과 같이 하시고, 허물을 고칠 때에는 머뭇거리지 않으셨으며, 너그럽고도 어지시어 만백성들이 밝게 믿도록 하셨습니다. -《서경》〈중훼지고〉

위에서 말하는 '임금님'은 은나라 탕왕을 말한다. 탕왕이 폭군 걸桀을 치고 돌아오는 길에, 좌상(좌의정) 중훼仲虺가 탕왕에게 아뢴 말을 사관이 기록한 글이라고 한다.

132. 비석에 만들어 명문을 새긴다

勒 碑 刻 銘
새길 늑   비석 비   새길 각   기록할 명

以其功烈로 勒之爲碑하고 刻之爲銘하니 待功臣이 其亦厚矣라
이기공렬로 늑지위비하고 각지위명하니 대공신이 기역후의라

그 공렬을 (돌에) 새겨 비석을 만들고 명문을 새기니, 공신을 대우함이 그 또한 후했다.

6장 걸출한 영웅들의 역사

133. 반계와 이윤은

磻 | 溪 | 伊 | 尹
돌 반　시내 계　저 이　다스릴 윤

周文王은 聘呂尙于磻谿하고 殷湯은 聘伊尹于莘野라
주문왕은 빙여상우반계하고 은탕은 빙이윤우신야라

주나라 문왕은 여상을 반계에서 초빙하고, 은나라 탕왕은 이윤을 신야에서 초빙했다.

...

성군으로 알려진 은나라의 탕왕은 세 번이나 노력한 끝에 이윤을 재상으로 맞아들일 수 있었다. 이에 관한 일화는 《논어》에 아래와 같이 소개되어 있다.

> 이윤은 유신국有莘國의 들판에서 농사를 지으며, 요임금과 순임금의 도를 즐겨 지키고 지냈다. 그래서 의에 어긋나거나 도에 어긋나는 일이라면, 온 천하를 녹봉으로 준다고 해도 돌아보지 않았으며, 사천 필의 말을 묶어 준다고 해도 거들떠보지 않았다. …탕왕이 예물을 가지고 사람을 보내어 그를 초빙했지만, 그는 거들떠보지도 않고 담담하게 말했다. "내 어찌 탕왕의 예물 때문에 움직이겠느냐? 내 차라리 논밭에서 지내며 요순의 도를 즐기겠다." 그래도 탕왕이 세 차례나 사람을 보내어 그를 초빙하자, 이윤이 마음을 고쳐 이렇게 말했다. "내가 논밭에서 지내며 요순의 도를 즐기는 것보다는 차라리 탕왕에게 가서 그를 요순 같은 임금이 되도록 해주는 것이 낫겠다."-《논어》〈만장 상〉

134. 때를 도운 재상이다

佐 | 時 | 阿 | 衡
도울 **좌**   때 **시**   의지할 **아**   평할 **형**

呂尙이 釣磻谿라가 得玉璜하니 有文曰 姬受命 呂佐時라 하니라
阿衡은 商宰相之稱이라
여상이 조반계라가 득옥황하니 유문왈 희수명 여좌시라 하니라
아형은 상재상지칭이라

여상이 반계에서 낚시질하다가 패옥(佩玉)을 얻었는데, "희성(姬姓, 문왕)이 천명을 받는데 여씨가 때를 돕는다"는 글이 씌어 있었다. 아형은 상(은)나라 재상의 칭호이다.

····

주해에 등장하는 '여상(呂尙)'은 우리가 잘 아는 '강태공'이다. 강태공은 이름이 아니라 '주나라 문왕의 아버지인 태공이 바라던 인물(太公望, 태공망)'이라는 뜻의 별명이며, 본명은 '강상'이나 그의 조상이 여 지역을 다스린 적이 있어 여상으로도 불렸다.
또한 재상이라는 의미로 쓰인 '아형(阿衡)'이라는 호칭은 백성이 이 사람에게 의지해 공평해진다는 뜻이다.

135. 문득 곡부에 집을 지으니

奄 | 宅 | 曲 | 阜
문득 엄 | 집 택 | 굽을 곡 | 언덕 부

曲阜는 魯地라 周公이 有大勳勞하시니 封於魯하여 定都於曲阜也라
곡부는 노지라 주공이 유대훈로하시니 봉어로하여 정도어곡부야라

곡부는 노나라 땅이다. 주공이 큰 공로가 있으므로 노나라에 봉해져 곡부에 도읍을 정하였다.

⋯

주공은 앞서 소개한 문왕의 넷째 아들이자, 주나라를 세운 무왕의 동생이다. 주공은 형제들 중 가장 뛰어난 능력과 지혜를 갖추고 있었기 때문에, 무왕은 그를 책사로 삼아 은나라를 무너뜨리고 주나라를 세웠다. 이후 무왕이 일찍 죽고 무왕의 어린 아들(성왕)이 왕위에 오르자, 주공은 조카를 대신해 섭정을 맡아 보며 주나라의 기틀을 닦고 나라를 안정시켰다. 이러한 업적을 가리켜 '주공이 큰 공로가 있다'고 설명한 것이다.

> 주공周公이 천하에 공로가 있으므로, 성왕成王이 (숙부) 주공에게 곡부 지방을 다스리게 했다. 그 지역은 사방 칠백 리에다 천 승의 수레가 있었다. 노공魯公에게 명하여 대대로 천자의 예禮와 악樂으로 주공의 제사를 치르도록 명하였다. -《예기》〈명당기〉

136. 단이 아니면 누가 지었으랴

微 旦 孰 營
아닐 미 아침 단 누구 숙 지을 영

旦은 周公名이니 言非周公之勳이면 孰能營此鴻基也리오
단은 주공명이니 언비주공지훈이면 숙능영차홍기야리오

단旦은 주공의 이름이니, "주공의 공로가 아니면 누가 이같이 큰 터전을 지었겠는가?"라고 말한 것이다.

・・・

주공은 이후 조카인 성왕이 장성하자, 별다른 저항이나 반란 없이 권력을 넘겨주고 공적에 대한 보상으로 땅을 받아 제후국을 건설했다. 이때 주공이 세운 나라가 바로 공자가 태어나 자란 나라이기도 한 노나라다.

단旦자는 태조 이성계의 휘였으므로, 왕의 이름 글자를 쓸 수 없었던 조선시대에는 감히 읽지 못하고 피했다. 그래서 주해에서도 "태조의 어휘(御諱, 왕의 휘)이므로 '죠(朝, 아침 조)'로 읽어야 한다."고 설명했다.

137. 환공은 바로잡고 규합하여

桓 公 匡 合

굳셀 **환**　벼슬이름 **공**　바를 **광**　모을 **합**

桓公은 齊君小白이니 五覇之一이라 用管仲하여 一匡天下하고 九合諸侯하니라
환공은 제군소백이니 오패지일이라 용관중하여 일광천하하고 구합제후하니라

환공은 제나라 군주인 소백이니, 오패五覇의 하나이다. 관중을 등용하여 천하를 한 번 바로잡고, 제후를 아홉 번 합하였다.

· · ·

자공이 여쭈었다. "관중은 어질지 않은 사람입니까? (자신이 모시던) 공자 규糾를 (규의 형제인) 환공이 죽였을 때에 같이 죽지 않았을 뿐만 아니라, 오히려 환공의 재상이 되었습니다."
선생님께서 말씀하셨다. "관중은 환공의 재상이 되어 제후 가운데 패자가 되게 하였으며, 천하를 한 번 바로잡았다. 따라서 백성들이 지금까지도 그 은혜를 입고 있다. 만일 관중이 아니었더라면 우리들은 지금 (오랑캐 풍습 그대로) 머리를 풀고, 왼쪽 옷깃을 안으로 넣어 옷을 입고 있을 것이다. -《논어》〈헌문憲問〉

138. 약한 자를 구제하고 기우는 나라를 붙들었다

濟 | 弱 | 扶 | 傾
건널 **제**   약할 **약**   붙들 **부**   기울 **경**

定周襄王之位하여 濟之於微弱하고 扶之於傾危하니 卽匡合之實也라
정주양왕지위하여 제지어미약하고 부지어경위하니 즉광합지실야라

주나라 양왕의 왕위를 안정시켜 미약할 때에 구제하고 기울어 위태로울 때에 붙들었으니, 이것이 바로 '광합匡合'의 실제이다.

...

관중이 자신의 적이었던 환공의 재상이 될 수 있었던 이유는 친구 포숙아 덕분이다. 당시 제나라의 왕위 다툼에서 관중은 형인 규를, 포숙아는 동생인 환공을 섬겼다. 결국 환공이 승리하자 관중도 규와 함께 죽을 운명에 처했는데, 이때 포숙아는 환공에게 관중을 살려야 한다고 간곡히 조언하며 이렇게 말했다.

> 제나라만 다스리고자 한다면 신으로도 충분하나, 천하를 다스리고자 한다면 관중을 등용해야 합니다.

이처럼 관중의 능력을 믿어준 포숙아를 두고 관중 역시 '나를 낳아준 이는 부모이지만 나를 진정으로 알아준 사람은 포숙아'라고 했다.

139. 기리계는 한나라 혜제를 돌려놓았고

綺 | 回 | 漢 | 惠
깁 기 | 돌 회 | 한나라 한 | 은혜 혜

綺는 綺里季니 商山四皓之一이라 漢高帝將廢太子러니
四皓從游하여 成羽翼하여 使漢惠로 太子之位 轉而安焉하니라
기는 기리계니 상산사호지일이라 한고제장폐태자러니
사호종유하여 성우익하여 사한혜로 태자지위 전이안언하니라

기綺는 기리계이니 상산사호의 하나이다. 한나라 고제가 장차 태자(혜제)를 폐위하려 했는데, (이) 네 늙은이가 (태자를) 따라 노닐며 우익羽翼이 됨으로써 한나라 혜제惠帝로 하여금 태자의 자리를 편안히 하도록 만들었다.

····

상산사호는 진秦나라 말기에 난리를 피해 상산에 들어가 숨어 살던 네 늙은이를 가리키는데, 기리계, 동원공東園公, 하황공夏黃公, 녹리선생甪里先生이다. 이들은 한나라 고제의 부름에도 나오지 않았다.
그러나 고제가 자신의 부인인 여후呂后의 아들인 태자(혜제) 대신 자신이 총애하는 척부인의 아들을 태자로 세우겠다고 하자, 여후는 아들의 자리를 지켜주기 위해 상산사호를 초빙했다. 자신이 불러도 오지 않던 상산사호가 태자의 인품을 찬탄하며 태자를 도우러 왔다고 말하니, 고제는 "이미 태자에게 우익(날개)이 생겼구나!"라고 탄식하며 결정을 철회했다고 한다.

140. 부열은 무정을 감동시켰다

說 | 感 | 武 | 丁
기뻐할 열   느낄 감   호반 무   남녘 정

說은 傅說이라 築於傅巖之野러니 商王武丁이 夢帝賚良弼일새
旁求天下하여 爰立作相하니 是는 說感夢於武丁也라
열은 부열이라 축어부암지야러니 상왕무정이 몽제뢰양필일새
방구천하하여 원립작상하니 시는 열감몽어무정야라

열說은 부열인데, 부암의 들판에서 (담을) 쌓고 있었다. 상(은)나라 왕 무정이 꿈 속에서 상제上帝가 훌륭한 보필(재상)을 주시자, (그 얼굴을 그려) 천하에 널리 찾아 재상으로 세우니, 이는 부열이 무정을 꿈속에서 감동시킨 것이다.

⋯

(은나라 고종이 상복을 벗고도 아무런 말을 하지 않다가) 글을 지어 고했다.
"하늘이 나를 세워 온 세상을 바로잡도록 하셨지만, 나는 내 덕이 훌륭하지 못한 것을 두려워하였다. 그래서 아무런 말도 하지 않고, 공경하고 침묵하면서 도를 생각하고 있었던 것이다. … 그러다가 꿈에 하느님이 나에게 훌륭한 보필을 보내 주셨으니, 그가 나를 대신하여 말하게 될 것이다."
그리고는 꿈에 본 모습을 더듬어 그려, 천하에 널리 찾게 하였다. 이때에 열說이 부암의 들판에서 흙으로 담을 쌓고 있었는데, 그 그림의 모습과 같았다. 그래서 그를 세워 재상으로 삼고, 임금이 언제나 그를 좌우에 두었다.-《서경》 상서商書 〈열명說命 상〉

은나라 왕 무정은 즉위 후 3년간 인재를 찾아다녔지만 찾지 못했다. 그러다 꿈속에서 성인을 만나, 그와 닮은 열을 찾게 된 것이다.

141. 준수하고 재주있는 자들이 경륜을 치밀하게 하니

俊 乂 密 勿
준걸 준 　 재주 예 　 빽빽할 밀 　 말 물

大而千人之俊과 小而百人之乂가 咸集于朝하여 經緯密勿也라
대이천인지준과 소이백인지예가 함집우조하여 경위밀물야라

크게는 천 명 가운데 뛰어난 준걸과 작게는 백 명 가운데 뛰어난 어진 선비들이 모두 조정에 모여, 경위經緯를 부지런하고 치밀하게 한다.

· · ·

준예는 앞에 소개한 강태공, 이윤 등과 같이 지혜롭고 뛰어난 인재들을 가리킨다. 경위는 베틀의 날줄과 씨줄이라는 뜻인데, 여기서는 나라를 다스린다는 뜻의 경륜(세상을 다스림, 또는 그런 능력)과 같은 뜻이다.

142. 많은 선비들이 있어 나라가 편안하다

多 士 寔 寧
많을 다 선비 사 이 식 편안 녕

俊乂在官이면 國以寧謐하니 詩云 濟濟多士 文王以寧이 是也라
준예재관이면 국이녕밀하니 시운 제제다사 문왕이녕이 시야라

준예가 관직에 있으면 나라가 편안해지니, 《시경》에 "훌륭한 여러 선비가 있어 문왕이 편안하다"라는 구절이 이것이다.

⋯

세세토록 크게 밝으니	世之不顯세지불현
그 계획이 신중하고도 충성되네.	厥猶翼翼궐유익익
빛나는 많은 선비들이	思皇多士사황다사
우리 임금의 나라에 태어났으니,	生此王國생차왕국
우리 임금의 나라가 인재를 낳아	王國克生왕국극생
주나라의 기둥을 삼았다네.	維周之楨유주지정
훌륭한 여러 선비들이 있으니	濟濟多士제제다사
문왕께서도 마음 편하시리라.	文王以寧문왕이녕
– 《시경》〈문왕〉	

143. 진나라와 초나라가 번갈아 패권을 잡았고

晉 | 楚 | 更 | 霸

진나라 **진**　　초나라 **초**　　다시 **갱**　　잡을 **패**

春秋時에 晉文公이 敗楚成王于城濮而霸러니
至靈公하여 失霸하고 楚莊王이 又稱霸하니 是는 晉與楚更迭而霸也라
춘추시에 진문공이 패초성왕우성복이패러니
지령공하여 실패하고 초장왕이 우칭패하니 시는 진여초경질이패야라

춘추시대에 진나라 문공이 초나라 성왕을 성복에서 물리치고 패자가 되었는데, 영공에 이르러 패자의 자리를 잃고 초나라 장왕이 다시 패자가 되었으니, 이는 진나라와 초나라가 번갈아 패자가 된 것이다.

...

《춘추春秋》는 공자가 엮은 노魯나라 역사책인데, 은공(隱公, 기원전 722)부터 애공(哀公, 기원전 481)까지 열두 임금, 242년 동안의 역사를 기록하였다. '춘추시대'라는 명칭이 바로 이 책에서 유래한 것이다.

또는 주나라 평왕平王 때에 국력이 약해져 서울을 동쪽으로 옮긴 뒤부터 위열왕威烈王까지 280년 동안을 가리키기도 한다. 이 동안 힘이 강한 제후들은 주나라 천자의 정통성을 부분적으로 인정하면서, 자신들이 중국을 지배하려고 하였다. 일시적으로 중국을 지배했던 다섯 명의 제후가 바로 춘추오패春秋五霸이다.

순자荀子는 제나라 환공, 진나라 문공, 초나라 장왕, 오나라 합려, 월나라 구천을 춘추오패로 들었으며, 《맹자》 조주趙注에서는 합려와 구천 대신에 진秦나라 목공穆公과 송나라 양공襄公을 들었다.

144. 조나라와 위나라는 연횡으로 곤궁해졌다

趙 | 魏 | 困 | 橫
조나라 조　위나라 위　곤할 곤　가로 횡

> 戰國時에 縱人은 欲以六國伐秦하고 橫人은 欲使六國事秦이러니
> 六國이 終困于橫하니라 六國에 只擧趙魏하니 其餘可見이라
> 전국시에 종인은 욕이육국벌진하고 횡인은 욕사육국사진이러니
> 육국이 종곤우횡하니라 육국에 지거조위하니 기여가견이라

전국시대에 합종合縱을 주장한 사람들은 여섯 나라를 이끌어 진나라를 치려 하였고, 연횡連橫을 주장한 사람들은 여섯 나라로 하여금 진나라를 섬기게 하려 했는데, 여섯 나라가 결국은 연횡으로 곤궁하게 되었다. 여섯 나라 가운데 조나라와 위나라만 들었으니, 그 나머지는 알 수 있다.

...

소진蘇秦은 전국시대에 합종合從을 주장했던 유세객이다. 귀곡자鬼谷子에게 배워 종횡가從橫家의 주장을 익힌 뒤 제齊, 초楚, 연燕, 조趙, 한韓, 위魏나라를 찾아다니며, 힘을 합하여 강한 진秦나라에 맞서자고 설득하였다. 그가 여섯 나라의 재상을 겸하게 되자, 진나라 군사가 15년 동안 함곡관 동쪽을 엿보지 못했다.

소진과 동문수학한 장의張儀는 이에 맞서 여섯 나라가 진나라에 복종해야 한다는 연횡連橫을 주장했는데, 진나라가 결국 여섯 나라를 멸망시키고 천하를 통일하였다.

진나라를 포함한 전국시대의 일곱 나라를 전국칠웅戰國七雄이라 한다.

145. 길을 빌려 괵나라를 멸망시키고

假 道 滅 虢
빌 가   길 도   끌 멸   괵나라 괵

晉獻公이 欲伐虢하여 假途於虞하니
虞公이 不聽宮之奇之諫而假之러니 及晉滅虢에 竝滅虞하니라
진헌공이 욕벌괵하여 가도어우하니
우공이 불청궁지기지간이가지러니 급진멸괵에 병멸우하니라

진나라 헌공이 괵나라를 치려고 하여 우나라에 길을 빌리자고 했는데, 우나라 임금이 (구슬과 명마에 눈이 어두워) 궁지기의 간언을 듣지 않고 길을 빌려주었다. 진나라는 괵나라를 멸망시키고 (돌아오는 길에) 우나라도 함께 멸망시켰다.

⋯

괵虢나라는 주나라 문왕의 아우인 괵중虢仲이 세운 나라이다. 진나라 헌공이 괵나라를 치고 싶어서 순식荀息에게 우나라 임금을 설득할 방법을 물었다. 괵나라로 가려면 우나라를 지나야 했기 때문이었다. 그러자 순식이 이렇게 계책을 내었다.
"우나라 임금은 욕심이 많습니다. 수극에서 나는 구슬과 굴屈에서 나는 명마를 주면서 길을 빌려달라고 하면 분명 허락할 것입니다."
 우나라 임금이 구슬과 말을 받고 마음이 흔들려 궁지기에게 자문을 구하자, 궁지기가 말했다.
"진나라 군사는 길을 빌려 괵나라를 멸망시킨 뒤에, 반드시 우리를 칠 것이니 길을 빌려주면 안 됩니다. 입술이 없어지면 이빨이 시리듯 괵나라가 망하면 우리 우나라도 위태로워질 것입니다."
여기서 순망치한脣亡齒寒이라는 말이 생겨났다.

146. 천토에 모여 맹세했다

밟을 천　흙 토　모을 회　맹세 맹

踐土는 地名이니 晉文公이 約諸侯할새 會盟於此하고
召周襄王於河陽而朝之하니 是는 挾天子以令諸侯也라
천토는 지명이니 진문공이 약제후할새 회맹어차하고
소주양왕어하양이조지하니 시는 협천자이령제후야라

천토는 땅 이름이다. 진나라 문공이 제후들과 약속하여 이곳에서 회맹하고 주나라 양왕을 하양에서 불러와 조회하였으니, 이는 천자를 끼고서 제후들을 호령한 것이다.

...

주나라 양왕은 정략혼으로 맞아들인 이민족 출신 왕비를 쫓아내려다, 오히려 역습을 당하는 바람에 도읍인 낙양에서 도망쳐 나오게 되었다. 이에 양왕은 제위를 되찾기 위해 자신의 제후국 중 세력이 강했던 진晉나라 문공에게 도움을 청했다. 그렇게 문공의 군사를 빌려 다시 왕궁으로 돌아갈 수는 있었지만, 이로 인해 천자의 권위는 땅에 떨어지고 실질적 권력을 문공에게 넘겨주게 되었다.
이에 양왕 20년에 진나라 문공이 천자인 양왕을 천토로 불러왔으니, 이는 천자를 협박하여 자신의 패권을 확보한 것이었다. 여기에서 천토는 하남성 영택현 서북쪽에 있던 옛 고을인데, 주나라 희공 28년에 이곳에 왕궁을 세웠다.

147. 소하는 간략한 법을 따랐고

何 遵 約 法
어찌 하 · 좇을 준 · 언약 약 · 법 법

何는 蕭何也라 漢高祖約法三章이러니 蕭何損益而遵行之하여
漢歷年四百하고 何亦子孫榮顯하니 寬大之效也라

하는 소하야라 한고조약법삼장이러니 소하손익이준행지하여
한역년사백하고 하역자손영현하니 관대지효야라

하何는 소하蕭何이다. 한나라 고조는 요약한 3장의 법만 썼는데, 소하가 이를 덜고 보태어 준행하였다. 한나라가 400년을 이어가고 소하도 또한 자손들이 영화를 누리며 현달*하였으니, 이는 너그럽게 정사를 베푼 효험이었다.

· · ·

진나라 말기에 유방劉邦(훗날 한나라 고조)이 거느린 군사가 진나라 도읍지 함양을 함락시킨 뒤에, 민심을 안정시키기 위해 군사를 성 밖으로 철수시켰다. 진시황은 한비자의 권고를 받아들여 형벌을 각박하게 시행했으나, 유방은 노인들을 모아놓고 진시황의 법을 다 폐지한 뒤에 세 가지 법만 간략하게 시행하겠다고 약속했다. 이것이 약법삼장約法三章이다.

> 첫째, 사람을 죽인 자는 사형에 처한다. 둘째, 남을 다치게 한 자나 도둑질을 한 자는 그에 맞먹는 벌을 준다. 셋째, 진나라의 까다로운 법률은 모두 폐지한다.

▶ 벼슬, 명성, 덕망이 높아서 이름이 세상에 드러남.

148. 한비자는 번거로운 형벌로 피폐하였다

韓 弊 煩 刑
한나라 **한**　해질 **폐**　어지러울 **번**　형벌 **형**

韓은 韓非也라 以慘刻說秦王하고 著書十餘萬言하니 皆刻薄之論이러니
秦二世而亡하고 韓亦誅死하니 煩刑之弊也라
한은 한비야라 이참각세진왕하고 저서십여만언하니 개각박지론이러니
진이세이망하고 한역주사하니 번형지폐야라

한韓은 한비자이다. 한비자는 참혹하고 각박한 법을 쓰도록 진나라 왕을 설득하고 십여만 자나 되는 책을 지었는데, 모두 각박한 주장이었다. 진나라는 2세 만에 망했고 한비자 또한 죽임당했으니, 이는 번거로운 형벌의 폐해 때문이었다.

・・・

한韓나라 공자였던 한비자는 기원전 280년 무렵에 태어나, 이사李斯와 함께 순자荀子에게서 예禮를 배워 법치사상으로 발전시켰다. 진시황은 그의 글을 읽고 감격해, "아아! 내가 이 사람을 만나 함께 놀 수 있다면 죽어도 한이 없겠다."고 말했다.

이후 진나라가 한나라를 치려고 하자 한나라에서 한비자를 보내 "한나라를 치는 것이 진나라에게 이롭지 않다"고 진시황을 설득했다. 진시황은 한비자의 학설이 마음에 들었기에 한비자를 환대했다. 그러나 재상 자리가 위태로워진 이사가 "한비자는 결국 진나라를 위하지 않을 것이다"라고 이간질하고, 옥에 갇힌 한비자에게 독약을 보내 자살하게 만들었다. 그는 유세하는 것이 어렵다는 내용의 〈세난편說難篇〉까지 썼지만 결국 유세에 성공하지 못하고 죽었다.

149. 백기, 왕전, 염파, 이목은

起 | 翦 | 頗 | 牧
일어날 **기**　자를 **전**　기울 **파**　칠 **목**

白起王翦은 秦將이요 廉頗李牧은 趙將이라
백기왕전은 진장이요 염파이목은 조장이라

백기와 왕전은 진나라 장수이고, 염파와 이목은 조나라 장수이다.

⋯

진나라의 백기와 왕전, 조나라의 염파와 이목은 모두 전국시대의 명장으로 평가받는 인물이다. 그중 백기는 진나라 소양왕 때의 장수로, 30여 년 동안 참전한 수많은 전투에서 뛰어난 전략을 발휘해 단 한 번도 패배하지 않았다. 그러나 소양왕이 자신의 조언을 듣지 않고 오히려 승산이 없는 싸움에 뛰어들라 명하자, 참전을 거부했다가 자결하라는 명을 받고 죽게 되었다.

왕전은 진시황 때의 장수로, 진나라의 적수인 초나라를 평정함으로써 중국 통일에 결정적인 역할을 한 인물이다. 이때 왕전은 병사들을 훈련시키는 대신 더욱 잘 먹이고 쉬게 하다가, 병사들이 활기차게 놀이를 하는 것을 보고 때가 되었다고 판단하여 전투에 나서 승리를 거두었다고 한다. 이때 의심 많은 진시황에게 신뢰를 주기 위해 일부러 권력에 욕심이 없는 척 끈질기게 땅과 재물을 요구한 일화가 유명하다.

150. 군대 쓰기를 가장 잘했다

用 | 軍 | 最 | 精
쓸 용   군사 군   가장 최   정할 정

言用軍之法이 四將最精也라
언용군지법이 사장최정야라

군사를 운용하는 법이 이들 네 장수가 가장 정묘하다고 말한 것이다.

• • •

염파는 전국시대 조나라의 장군으로, 앞서 소개했던 진나라의 백기와 맞서 싸웠던 장수다. 그러나 백기는 뛰어난 장수였던 염파를 전선에서 배제하고 진나라의 승리를 확실히 하기 위해 '진나라가 가장 두려워하는 것은 염파가 아닌 다른 장수'라는 거짓 소문을 퍼트렸다. 이 때문에 염파의 지휘를 받지 못한 조나라 군대는 참패하고, 40만 명의 군사들이 몰살을 당했다.

이목 역시 염파와 비슷한 시기에 활약했던 조나라 장수이다. 이목은 흉노족이 조나라에 쳐들어올 때마다 나서서 공격하는 대신 조용히 수비에 집중하여 병사를 지켰다. 그 때문에 잠시 지휘관 자리에서 물러나기도 했으나, 전력이 강하지 않은 척 속인 뒤 적군이 공격해 오면 역습하는 전략으로 대승을 거두었다.

151. 사막까지 위력을 선양하고

宣 | 威 | 沙 | 漠
베풀 선　위엄 위　모래 사　넓을 막

沙漠은 朔北極邊之地니 言爲將者能宣揚威武於沙漠也라
사막은 삭북극변지지니 언위장자능선양위무어사막야라

사막은 삭북(朔北, 북쪽 지방)의 가장 변방에 있는 땅이니, 장수 된 자가 위엄과 무용을 사막에 선양함을 말한 것이다.

...

전한 시대의 충신 소무(蘇武)는 흉노에 포로로 잡혀 있던 19년 동안 벌판에서 다 떨어진 옷을 입고 양을 키우며 살다가, 흉노가 한나라와 화친한 뒤에야 흰머리로 한나라에 돌아왔다.

152. 단청으로 (얼굴을) 그려 명예를 드날렸다

馳 | 譽 | 丹 | 青
달릴 치   기릴 예   붉을 단   푸를 청

丹青은 圖其形貌라 樹功則圖形而馳名譽於永久하니
如漢宣帝圖畫功臣於麒麟閣이 是也라
단청은 도기형모라 수공즉도형이치명예어영구하니
여한선제도화공신어기린각이 시야라

단청은 그 얼굴과 모습을 그린 것이다. 공을 세우면 그의 얼굴을 그려 명예를 길이 드날리니, 한나라 선제가 공신들의 화상을 기린각에 그려놓은 것이 이것이다.

・・・

한나라와 흉노족은 오래도록 전투를 해 왔다. 그러다 한나라 선제 감로 3년(기원전 50)에 흉노 선우^{單于}가 투항하고 입조^{入朝}하자, 선제가 공신들의 공을 기리기 위해 기린각에 화상을 그려 간직했는데 모두 11명이었다. 앞서 소개한 충신 소무도 이 11명 안에 들어갔다. 이 이야기는 《한서^{漢書}》〈소무전^{蘇武傳}〉에 실려 있는데, 상안의 주^注에 의하면 "무제^{武帝}가 기린을 잡았을 때에 이 전각을 세워 기린각이라고 이름지었다"라고 한다.

> ▶ 선우는 흉노족의 왕을 일컫는 호칭이다. 다만 선제 때의 흉노는 세력 분열로 인해 선우가 5명이나 되었다. 한나라에 투항한 선우는 그중 하나이다.

153. 아홉 주는 우임금의 자취이고

九 | 州 | 禹 | 跡
아홉 구 고을 주 하우씨 우 발자취 적

九州는 冀兗靑徐揚荊豫梁雍也라 夏禹隨山刊木하여 分別九州하시니
九州는 皆禹所經이라 故로 曰禹跡이라하니라
구주는 기연청서양형예양옹야라 하우수산간목하여 분별구주하시니
구주는 개우소경이라 고로 왈우적이라하니라

구주九州는 기주, 연주, 청주, 서주, 양주, 형주, 예주, 양주, 옹주이다. 하나라 우임금이 산을 따라 나무를 베어 (길을 통하게 해서) 구주를 분별하니, 구주는 모두 우임금이 거쳐간 곳이다. 그래서 '우임금의 발자취'라고 하였다.

· · ·

> 아홉 주가 다 같이 질서 잡히고, 사방의 바다 구석까지도 사람이 살게 되었다. (우임금이) 모든 산의 나무를 베어 길을 내고, 모든 강을 근원부터 잘 흐르도록 터놓았으며, 모든 호숫물을 방죽으로 잘 막아 놓았다. -《서경》〈우전禹典〉

우임금은 본래 순임금의 신하의 아들이었는데, 아버지가 홍수를 막는 사업을 맡았다가 실패하는 바람에 나라가 큰 피해를 입자 그 사업을 이어받았다. 이에 우임금은 물이 불어나도 강이 막히거나 넘치지 않고 잘 흐를 수 있도록 여러 개의 운하를 파 홍수를 성공적으로 막아냈다. 이로 인해 순임금의 신망을 얻었고, 이후 그에게 왕위를 넘겨받아 하나라를 세웠다.

154. 일백 고을을 진나라가 합병하였다

百 | 郡 | 秦 | 并
일백 **백**   고을 **군**   진나라 **진**   아우를 **병**

秦始皇이 有天下에 廢封建之制하고 置郡이 凡三十六이러니
歷代增益하여 乃至百郡하니 而置郡이 始於秦이라 故로 曰秦并이라하니라
진시황이 유천하에 폐봉건지제하고 치군이 범삼십육이러니
역대증익하여 내지백군하니 이치군이 시어진이라 고로 왈진병이라하니라

진나라 시황始皇이 천하를 소유한 뒤에 (토지를 세습적으로 소유하는) 봉건제도를 폐지하고 (관원을 임명해 파견하는) 군郡을 설치했는데, 모두 36개였다. 역대에 (군의 숫자를) 더 늘려서 100개 군에 이르렀는데, 군을 설치한 것이 진나라 때에 시작되었으므로 '진나라가 합병했다'고 한 것이다.

155. 오악은 항산과 대산을 종주로 하고

嶽 | 宗 | 恒 | 岱
큰산 **악**　마루 **종**　항상 **항**　대산 **대**

言五嶽은 以恒岱爲宗也라 恒은 唐本作泰하니 泰岱는 東嶽也라
언오악은 이항대위종야라 항은 당본작태하니 태대는 동악야라

오악五嶽은 항산과 대산을 종주로 삼은 것을 말했다. 항恒은 당본唐本에 태泰로 되어 있으니, 태대泰岱：泰山는 동악東嶽이다.

∴

오악은 동방에 태산泰山이 있는데, 태산을 높여서 대종岱宗이라고도 한다. 남방에는 형산衡山이 있는데, 이 산을 다른 말로 곽산霍山이라고도 한다. 서방에는 화산華山이 있고, 북방에는 항산恒山이, 중앙에는 숭산嵩山이 있다.-《풍속통風俗通》

156. 봉선은 운운산과 정정산에서 주로 하였다

禪 | 主 | 云 | 亭
터 닦을 **선**　임금 **주**　이를 **운**　정자 **정**

天子는 十二年에 一巡狩할새 必封禪泰岱하나니라
云云亭亭은 泰岱下小山이니 必主宿於是하여 齋沐而後祀岱宗焉하나니라
천자는 십이년에 일순수할새 필봉선태대하나니라
운운정정은 태대하소산이니 필주숙어시하여 재목이후사대종언하나니라

천자는 12년에 한 번씩 순수巡狩하였는데, 반드시 태산에서 봉선封禪 의식을 거행하였다. 운운과 정정은 태산 아래에 있는 작은 산인데, 천자가 반드시 이곳에서 잠자고 목욕재계한 뒤에 대종(태산)에 제사하였다.

· · ·

> 태산에서 하늘에 제사 지내고, 양보梁父에서 땅에 제사 지냈다.-《대대례大戴禮》〈보전保傳〉

봉封은 높은 산 위에 흙을 높이 쌓아 단壇을 만든 뒤에 하늘에 지내는 제사이고, 선禪은 낮은 산 위의 땅을 판판하게 고르고 산천에 지내는 제사이다. 고대 황제들은 태산에 올라가 봉선 의식을 행했다.

157. 안문과 자새요

鴈 | 門 | 紫 | 塞
기러기 안   문 문   자줏빛 자   변방 새

雁門은 郡名이니 在并州하니 春雁北歸踰此라 故로 名이라
紫塞는 地名이니 秦築長城할새 土色皆紫하니라
안문은 군명이니 재병주하니 춘안북귀유차라 고로 명이라
자새는 지명이니 진축장성할새 토색개자하니라

안문雁門은 고을 이름인데, 병주에 있었다. 봄에 기러기가 북쪽으로 돌아갈 때에 이곳을 넘어가므로 (안문이라고) 이름한 것이다. 자새紫塞는 땅 이름인데, 진나라가 (이곳에) 장성을 쌓을 때에 흙빛이 모두 자주색이었다.

····

> 양백현梁白縣 경계에 안문이 있다. 전하는 말에 따르면 이 산 정상에 커다란 연못이 있다고 하는데, 기러기 떼들이 이곳에 모인 뒤에 날아가므로 이름을 안문雁門이라고 한다. -《양주기梁州記》

자새는 만리장성이 지나는 지역 중 하나로, 주해에서 진나라가 쌓았다고 설명하는 장성이 바로 만리장성이다. 안문관雁門關은 만리장성의 관문 중 가장 중요한 관문 가운데 하나로, 당시 중국과 북방 이민족의 경계에 위치한 군사적 요충지였다.

158. 계전과 적성이다

鷄 | 田 | 赤 | 城
닭계 밭전 붉을적 성성

雞田은 在雍州라 昔에 周文은 獲雌而王하고 秦穆은 獲雌而霸하니라
下有寶雞祠하니 秦郊祀處라 赤城은 在夔州魚腹縣하니라
계전은 재옹주라 석에 주문은 획자이왕하고 진목은 획자이패하니라
하유보계사하니 진교사처라 적성은 재기주어복현하니라

계전雞田은 옹주에 있었다. 옛날 주나라 문왕은 암탉을 얻고 왕자王者가 되었으며, 진나라 목공은 암탉을 얻고 패자霸者가 되었다. 아래에 보계사寶雞祠가 있으니, 진나라에서 (하늘에) 교제郊祭를 지내던 곳이다. 적성은 기주 어복현에 있었다.

···

진나라 목공과 암탉 이야기는 《맹자孟子 만장상萬章上》에 실려 있다. 춘추 시대에 백리해百里奚라는 사람이 일찍이 초楚나라에서 남의 소를 기르며 지낼 때, 그가 어질다는 소문을 들은 목공이 양가죽 다섯 장을 주고 백리해를 데려와 재상으로 등용한 뒤에 잔치를 열었다. 그때 마침 백리해의 옛 아내가 재상의 관아에서 삯일을 하다가 남편을 알아보고 거문고를 타며 노래하였다.

"백리해여! 다섯 마리 양의 가죽으로 이별하던 때가 생각나네. 암탉을 삶아 먹이고, 문빗장으로 밥을 지었네. 지금 부귀하다고 나를 잊었단 말인가?"

그 노래를 들은 백리해가 자기의 옛 아내를 알아보고 다시 그와 부부가 되었다고 한다.

159. 곤지와 갈석이요

昆 池 碣 石
맏곤 못지 갈석갈 돌석

昆池는 在雲南昆明縣하니 漢武欲通雲南하여 作昆明池하여 以習水戰하니
亦曰昆池라 碣石은 在北平郡黎城縣하니라
곤지는 재운남곤명현하니 한무욕통운남하여 작곤명지하여 이습수전하니
역왈곤지라 갈석은 재북평군려성현하니라

곤지昆池는 운남성 곤명현에 있다. 한나라 무제가 운남과 교통하기 위해 곤명지를 파놓고 수전水戰을 익혔는데, 곤지昆池라고도 불렀다. 갈석은 북평군 여성현에 있다.

⋯

곤명지는 한나라 무제가 파서 수중 전투법을 익히던 곳이다. 한가운데 영소靈沼와 신지神池도 있는데, 요임금 시절에 홍수가 나서 이 못에 배를 대었다고 한다. 이 못은 녹원鹿苑과 통해 있는데, 어떤 사람이 녹원에서 낚시질하다가 줄이 끊어지자 그대로 가버렸다. 무제의 꿈에 물고기가 나타나 낚싯바늘을 빼달라고 호소했다. 이튿날 무제가 이 못에서 노닐다가, 큰 물고기가 낚싯줄을 물고 있는 것을 보았다. 무제가 "이 어찌 꿈속의 일이 아니랴?" 하고는 물고기를 건져 바늘을 빼서 놓아 주었다. 무제가 뒷날 천하의 보물인 명주明珠를 얻었다. -《태평광기》

160. 거야와 동정이다

鉅 野 洞 庭
클거 들야 빌동 뜰정

> 鉅野郡은 在泰山之東하고 洞庭湖는 在岳州大江之南, 彭蠡之西하니라
> 거야군은 재태산지동하고 동정호는 재악주대강지남 팽려지서하니라

거야군은 태산의 동쪽에 있고, 동정호는 악주 대강(양자강)의 남쪽, 팽려의 서쪽에 있다.

...

옛부터 동정호 물 이야길 들었건만	昔聞洞庭水 석문동정수
이제야 악양루에 올라왔네.	今上岳陽樓 금상악양루
오나라와 초나라는 동과 남으로 툭 터졌고	吳楚東南拆 오초동남탁
하늘과 땅도 밤낮 떠 있구나.	乾坤日夜浮 건곤일야부
- 두보杜甫 〈등악양루登岳陽樓〉	

동정호는 중국의 거대한 호수로, 그 크기는 중국에서 두 번째로 크다고 한다. 시인 두보의 시대에도 동정호는 유명했는데, 정작 두보는 전쟁을 피해 도망다니다가 동정호를 보게 되었기에 비탄하는 마음을 위의 시에 담았다.

161. 광막하고 아득히 멀며

曠 | 遠 | 綿 | 邈
빌 광 　 멀 원 　 멀 면 　 멀 막

上文所列山川이 皆空曠而遙遠也라
상문소열산천이 개공광이요원야라

윗글에 나열한 산천이 모두 텅 비고 아득히 멀다.

• • •

표면적으로는 앞서 소개한 산과 땅, 연못과 호수의 크기가 눈으로 보기에 거대하다는 뜻이기도 하지만, 앞서 '궁전반울 누관비경'에서 거대한 궁궐의 풍경에 빗대어 제국의 위엄을 표현했듯 웅장한 자연의 모습을 통해 제국의 영토가 광활함을 표현했다고도 볼 수 있다.

162. 바위와 묏부리가 높이 솟고 물이 아득하고 깊다

巖 岫 杳 冥
바위 암   묏부리 수   아득할 묘   아득할 명

巖岫는 山之岌嶪而不可登이요 杳冥은 水之淵深而不可測也라
암수는 산지급업이불가등이요 묘명은 수지연심이불가측야라

암수巖岫는 산이 높아서 오를 수 없는 것이고, 묘명杳冥은 물이 깊어서 헤아릴 수 없는 것이다.

· · ·

주해에서는 암수巖岫를 바위와 묏부리로 보아 "산이 높아서 오를 수 없다"고 설명했지만, 암수를 바위구멍으로 보면 '암수묘명巖岫杳冥' 네 글자를 "바위 구멍이 아득하고 깊다"고 해석할 수도 있다.

7장
평안한 삶을 위한 가르침

163. 다스림은 농사를 근본으로 하여

治 | 本 | 於 | 農

다스릴 **치**   밑 **본**   늘 **어**   여름지을 **농**

帝王爲治에 必以農爲本하니 蓋君은 以民爲天하고 民은 以食爲天故也라
제왕위치에 필이농위본하니 개군은 이민위천하고 민은 이식위천고야라

제왕이 다스릴 때에는 반드시 농사를 근본으로 삼으니, 임금은 백성을 하늘로 여기고, 백성은 먹는 것을 하늘로 여기기 때문이다.

164. 심고 거둠을 힘쓰게 하는 것이다

務 | 玆 | 稼 | 穡
힘쓸 **무**　이 **자**　곡식심을 **가**　곡식거둘 **색**

以農爲本이라 **故**로 **必令專力於春稼秋穡**하여 **不奪其時也**라
이농위본이라 고로 필령전력어춘가추색하여 불탈기시야라

농사를 근본으로 삼기 때문에 반드시 백성들로 하여금 봄에 심고 가을에 거두는 일을 오로지 힘쓰게 하여, 농사철을 빼앗지 않는 것이다.

・・・

왕께서 어진 정치를 행하시려면, 어찌 근본으로 돌아가지 않으십니까? 다섯 이랑의 택지에다 뽕나무를 심으면 쉰 살 노인이 비단옷을 입을 수가 있고, 닭, 돼지, 개 등의 가축을 때에 맞게 기른다면 일흔 살 노인이 고기를 먹을 수가 있습니다. 백 이랑의 밭에다 농사할 시기를 빼앗지 않는다면, 여덟 식구의 집안도 굶지를 않을 것입니다. 학교 교육을 행하며 효도와 우애의 도의를 거듭 가르치면, 흰 머리 노인이 길에서 짐을 지거나 이지 않을 것입니다. 노인이 비단옷을 입고 고기를 먹으며, 백성들이 굶주리지 않고 추위에 떨지도 않는데 왕 노릇을 못하는 자는 아직껏 없었습니다. - 《맹자》〈양혜왕 상〉

165. 비로소 남쪽 이랑에서 일하고

俶 載 南 畝
비로소숙　일재　남녘남　이랑묘

詩小雅大田篇之詞니 言始事於南畝也라
시소아대전편지사니 언시사어남무야라

《시경》 소아 〈대전편〉의 말이니, 비로소(처음으로) 남쪽 이랑에서 일함을 말한 것이다.

⋯

커다란 밭에는 많이도 심어야 하니	大田多稼대전다가
씨를 고르고 연장을 갖춰	旣種旣戒기종기계
농사 지을 준비를 다했네.	旣備乃事기비내사
날카로운 보습으로	以我覃耜이아담사
남쪽 밭에서 일을 시작하여	俶載南畝숙재남무
여러 가지 씨를 뿌렸더니,	播厥百穀파궐백곡
꼿꼿하고도 크게 자라	旣庭且碩기정차석
증손자도 만족하시네.	曾孫是若증손시약
– 《시경》 〈대전〉	

166. 우리의 기장과 조를 심었다

我 | 藝 | 黍 | 稷
나 아 | 심을 예 | 기장 서 | 조 직

詩小雅楚茨篇之詞니 有田祿而奉祭祀者 自言種其黍稷也라
시소아초자편지사니 유전록이봉제사자 자언종기서직야라

《시경》 소아 〈초자편〉의 말이니, 전록田祿이 있어 제사를 받드는 자가 기장과 피를 심음을 스스로 말한 것이다.

・・・

옛날부터 무얼 하였던가	自昔何爲 자석하위
기장과 피를 심었지.	我藝黍稷 아예서직
기장도 무성하고	我黍與與 아서여여
피도 잘되어,	我稷翼翼 아직익익
창고에 가득하고	我倉旣盈 아창기영
노적도 많아라.	我庾維億 아유유억
술과 음식 장만하여	以爲酒食 이위주식
제물 차려 제사 지내며,	以享以祀 이향이사
시동을 세워 술을 권하여	以妥以侑 이타이유
큰 복 내리시길 비네.	以介景福 이개경복

– 《시경》 〈초자〉

167. 익은 곡식으로 세금 내고 새로운 물건 바치며

稅 | 熟 | 貢 | 新
거둘 세   익을 숙   바칠 공   새 신

稅以田畝호되 必用熟以備國用하고 貢以土産호되 必用新以薦宗廟니라
세이전무호되 필용숙이비국용하고 공이토산호되 필용신이천종묘니라

농토에 대한 조세租稅를 내되 반드시 익은 것을 사용하여 나라의 쓰임에 대비하고, 토산물을 바치되 반드시 새것을 사용하여 종묘에 올린다.

· · ·

하나라 때에는 한 사람에게 땅 50무畝를 주어 농사짓게 하고, 공법貢法을 실시하였다. 은나라 때에는 한 사람에게 땅 70무를 주어 농사짓게 하고, 조법助法을 실시하였다. 주나라 때에는 한 사람에게 땅 100무를 주어 농사짓게 하고, 철법徹法을 실시하였다. 위와 같은 세 가지 세금이 사실상으로는 모두 수확 가운데 10분의 1을 내게 한 것이다. 철徹이란 거둬 간다는 뜻이고, 조助란 빌린다는 뜻이다. - 《맹자》〈등문공 상〉

이달에 농부가 햇곡식을 바친다. 천자가 새 맛을 보기 전에, 먼저 묘당에 바쳤다. -《예기》〈월령月令〉

168. 권하고 상주며 내치고 올려준다

勸 賞 黜 陟
힘쓸**권**　상줄**상**　내칠**출**　오를**척**

田事旣成이어든 農官이 賞其勤者以勸之하고 黜其惰者以戒之하니 陟亦賞也라
전사기성이어든 농관이 상기근자이권지하고 출기타자이계지하니 척역상야라

농사가 이미 이루어지면 권농관이 부지런한 자에게 상을 주어 권면하고 게으른 자를 내쳐 경계하니, 척陟 또한 상을 주는 것이다.

・・・

권농관이 몹시 기뻐	田畯至喜전준지희
사방의 신에게 정결하게 제사 지내는데,	來方禋祀내방인사
붉은 소와 검은 소를 잡고	以其騂黑이기성흑
기장과 피로 밥을 지었네.	與其黍稷여기서직
제물 올리어 제사 지내며	以享以祀이향이사
큰 복을 비네.	以介景福이개경복
- 《시경》〈대전大田〉	

169. 맹가는 본바탕을 돈독히 닦았으며

孟 | 軻 | 敦 | 素
맹가 **맹**　수레 **가**　두터울 **돈**　질박할 **소**

孟子의 名은 軻이니 幼被慈母之敎하고 長遊子思之門하여 厚其素養也하시니라
맹자의 명은 가이니 유피자모지교하고 장유자사지문하여 후기소양야하시니라

맹자의 이름은 가軻인데, 어려서는 자애스런 어머니의 가르침을 받고 자라서는 자사의 문하에서 공부하여 소양을 두텁게 하였다.

・・・

맹자의 어머니에 대한 일화 중, 맹자의 교육을 위하여 사는 곳을 세 번 옮긴 이야기가 유명하다. 맹자의 가족은 본래 묘지 근처에 살았으나, 어린 맹자가 매일 관을 옮기며 곡하는 흉내만 내기에 그의 어머니는 시장 근처로 집을 옮겼다. 그러자 맹자는 이번에는 시장에서 물건을 파는 상인의 흉내를 내기 시작했고, 맹자의 어머니는 서당 근처로 집을 옮겼다. 그러자 맹자는 드디어 서당의 글 읽는 소리를 듣고 글 읽는 흉내를 내기 시작했으니, 이 일화에서 맹모삼천지교孟母三遷之敎라는 말이 나왔다.

170. 사어는 직간을 잘하였다

史 | 魚 | 秉 | 直
사가 사   고기 어   잡을 병   곧을 직

史魚는 衛大夫니 名鰌요 字子魚니 有尸諫하니라
孔子曰 直哉라 史魚여 邦有道에 如矢하며 邦無道에 如矢라하시니라
사어는 위대부니 명추요 자자어니 유시간하니라
공자왈 직재라 사어여 방유도에 여시하며 방무도에 여시라하시니라

사어史魚는 위나라 대부이니, 이름은 추鰌요, 자는 자어子魚인데, 시신屍身으로 간하였다. 공자께서 "곧기도 하구나! 사어여! 나라에 도가 있을 때에도 화살같이 곧았으며, 나라에 도가 없을 때에도 화살같이 곧았다"라고 말씀하셨다.

...

> (위나라 재상) 사어가 병으로 죽게 되자 아들(영공)에게 유언하였다. "나는 위나라 조정에 있으면서 생전에 현명한 거백옥蘧伯玉을 등용하지 못하고, 간신 미자하彌子瑕를 내쫓지 못한 죄를 지었다. 그러니 내가 죽거든 시신을 그대로 거적에 말아 땅에 파묻어라." - 《공자가어孔子家語》〈곤서편困誓篇〉

위나라 재상 사어는 생전에 왕에게 간신인 미자하를 내치고, 거백옥을 등용하라고 조언했다. 그러나 왕은 그의 말을 듣지 않았다. 이에 사어는 죽을 때 왕을 설득하지 못함을 후회하며 아들에게 자신의 빈소를 제대로 차리지 말라는 유언을 남겼다. 이 말을 사어의 아들에게 전해들은 왕은 그제서야 후회하며 사어의 말을 따랐다고 한다.

171. 거의 중용에 이르려면

庶 | 幾 | 中 | 庸
거의 **서** 거의 **기** 중도 **중** 상례 **용**

中庸은 不偏不倚無過不及而平常之理니 人所難能而亦庶幾勉而至也라
중용은 불편불기무과불급이평상지리니 인소난능이역서기면이지야라

중용은 치우치지 않고 기울지 않으며 지나치거나 미치지 못함이 없는 평상적인 이치이다. 사람이 능하기 어렵지만, 또한 힘써 (중용의 도에) 이르기를 바라야 한다.

· · ·

> 기쁨과 성남, 슬픔과 즐거움이 아직 나타나지 않은 상태를 중中이라 하고, 그러한 감정들이 나타나서 모두 절도에 맞는 상태를 화和라고 한다. 중中이라는 것은 천하의 커다란 근본이고, 화和라는 것은 천하에 통용되는 도道이다. 이러한 중화의 경지에 이르게 되면 하늘과 땅이 제자리를 잡게 되고, 만물도 제대로 자라나게 된다. -《중용》제1장

위 설명을 보면, 중용이 단순히 감정에 치우치지 않는 중립적인 상태가 아니라 감정을 올바르게 느끼는 상태이기도 하다는 것을 알 수 있다. 예를 들어, 지나치게 화를 내는 것은 당연히 중용의 태도가 아니지만, 화를 내야 할 때조차 감정을 참으며 억지로 마음을 진정시키려 하는 것도 중용이라 할 수 없는 것이다.

172. 수고하고 겸손하며 삼가고 경계하라

勞 | 謙 | 謹 | 勅

부지런할 **노**   겸양 **겸**   삼갈 **근**   다스릴 **칙**

勤勞謙遜하고 畏謹勅勉이면 則可以戒愼恐懼하여 而庶幾中庸也리라
근로겸손하고 외근칙면이면 즉가이계신공구하여 이서기중용야리라

부지런하고 겸손하며 삼가고 힘쓰면, 경계하고 조심하여 중용의 도에 가까울 것이다.

····

만약 조금이라도 자만하거나, 경계를 늦추어 실수한다면 마음의 균형을 이룰 수 없다. 이 때문에 항상 부지런히 힘쓰고 겸손하라고 말하는 것이다.

173. 소리를 듣고 이치를 살피며

聆 | 音 | 察 | 理
들을 영　소리 음　살필 찰　다스릴 리

上智之人은 則聆其聲音而察其事理하니
如孔子聽子路鼓琴하시고 而謂其有北鄙殺伐之聲者 是也라
상지지인은 즉령기성음이찰기사리하니
여공자청자로고금하시고 이위기유북비살벌지성자 시야라

지혜가 뛰어난 사람은 그 소리를 들어보고 사리事理를 살피니, 공자께서 자로가 거문고 타는 소리를 들으시고 "북쪽 변방의 살벌한 소리가 있구나!" 라고 말씀하신 것이 이것이다.

...

자로는 공자의 제자 중 가장 용맹하고 무공이 뛰어났지만 그만큼 성품이 급하고 거칠었다. 즉, 공자가 그의 거문고 소리만 듣고도 '살벌한 소리'가 있다고 말했다는 것은 자로의 연주만 듣고도 그의 거친 성격을 알아차렸다는 의미이다.

174. 모습을 보고 기색을 분별한다

鑑 | 貌 | 辨 | 色
거울 **감**　얼굴 **모**　가릴 **변**　빛 **색**

以容貌辭色으로 亦可以鑑其情, 辨其色하니
如齊桓公夫人之知欲伐衛와 管仲之知欲赦衛者 是也라
이용모사색으로 역가이감기정 변기색하니
여제환공부인지지욕벌위와 관중지지욕사위자 시야라

용모와 말과 얼굴빛을 가지고 또한 사람의 정을 보고 뜻을 분별할 수 있으니, 제나라 환공의 부인이 위나라를 치려고 함을 안 것과 관중이 위나라를 용서하려고 함을 안 것이 이것이다.

…

제나라 환공이 자신에게 예를 다하지 않은 위나라를 정벌하려 하자, 환공의 부인은 낯빛만으로 이를 알아보고 위나라의 용서를 청했으며 관중 역시 환공의 표정만 보고 그가 위나라 정벌을 포기했음을 눈치챘다. 공자 역시 이처럼 기민한 태도를 높이 샀다.

> 자장이 물었다. "선비가 어찌해야 통달했다고 할 수 있겠습니까?" 그러자 공자가 되물었다. "네가 말하는 통달이란 대체 무엇이냐?" 자장이 대답했다. "그 나라에 있어서도 잘한다는 소문이 들리고, 그 집에 있어서도 잘한다는 소문이 들리는 것입니다." 공자가 말했다. "소문났다는 것이 곧 통달하는 것은 아니다. 대개 통달했다는 것은 그 바탕이 곧고 의리를 좋아하여, 말을 들을 때에 살피고 기색을 보아 그 사람의 마음을 알며, 또 항상 깊이 생각해서 남의 아랫사람 노릇을 하는 것이야말로 통달했다고 할 만하다."-《논어》〈안연편〉

175. 그 아름다운 계책을 물려주니

貽 厥 嘉 猷
줄 **이**   그 **궐**   아름다울 **가**   꾀 **유**

君子貽厥子孫에 當以嘉猷니 如蕭何以儉하고 楊震以淸하고
龐德公以安이 皆是善貽也라
군자이궐자손에 당이가유니 여소하이검하고 양진이청하고
방덕공이안이 개시선이야라

군자는 자손들에게 물려줄 때에 마땅히 아름다운 계책으로 하여야 한다. (예를 들면) 소하는 검소함을 물려주고, 양진은 청렴함을 물려주며, 방덕공은 편안함을 물려줌과 같은 것이니, 이는 모두 훌륭하게 물려준 것이다.

・・・

> 양진이 천거한 형주 수재 왕밀 王密이 창읍령 昌邑令이 되어 알현했는데, 그가 황금 10근을 품속에 가지고 와서 양진에게 주었다. 진이 "나는 그대를 아는데, 그대는 나를 알지 못하니 어찌 된 일인가?"라고 하였다. 그러자 밀이 "어두운 밤이라 아무도 모를 것입니다."라고 하였다. 진이 "하늘이 알고, 귀신이 알며, 내가 알고, 그대가 안다. 어찌 아무도 알지 못한다고 하는가?"라고 하자, 밀이 부끄러워하며 갔다. - 《소학》 권6 〈선행〉

후한시대의 재상이었던 양진은 '관서의 공자'라 칭송받을 만큼 청렴하고 지혜로운 사람이었다. 그가 뇌물을 가져온 왕밀을 꾸짖을 때, 이를 '하늘, 귀신, 나, 그대' 넷이 아는 일이라 하였으므로 여기에서 '양진사지 楊震四知'라는 성어가 나왔다.

176. 공경스럽게 (좋은 도를) 심기에 힘쓰라

勉 | 其 | 祗 | 植
힘쓸 **면**　　그 **기**　　공경 **지**　　심을 **식**

勖其敬植善道하여 毋墜所貽之嘉猷也라
욱기경식선도하여 무추소이지가유야라

공경스럽게 좋은 도를 심기에 힘써, 물려주신 바 아름다운 계책을 (땅에) 떨어뜨리지 말아야 한다.

. . .

석봉 천자문에는 祗자를 써서 "공경 지"라고 했는데, 주해 천자문에선 祇자를 쓰고 "귀신 기" 아래에 공경 지, 다만 지, 마침 지 등 세 가지 훈과 음을 덧붙였다. 祇자의 쓰임이 더 넓다.

177. 몸을 반성해서 살피고 경계하며

省 | 躬 | 譏 | 誡
살필 **성**　몸 **궁**　기롱 **기**　경계 **계**

人臣이 自省其躬하여 每念譏諷規誡之來하면 則自當難進而易退也라
인신이 자성기궁하여 매념기풍규계지래하면 즉자당난진이이퇴야라

신하가 스스로 그 몸을 살펴 언제나 비판과 풍자와 경계가 올 것을 생각한다면, 스스로 마땅히 (벼슬에) 나아감을 어렵게 여기고 물러나기를 쉽게 할 것이다.

・・・

> 건乾은 시작하고元 자라며亨 이루고利 완성하는貞원리다. 초구初九는 잠긴 용이니 쓰지 말라. 구이九二는 나타난 용이 밭에 있으니 대인을 봄이 이롭다. 구삼九三은 군자가 날이 다하도록 굳세고 굳세어서 저녁에 두려워하면, 위태로우나 허물은 없다. 구사九四는 혹 뛰어 못에 있으면 허물이 없다. 구오九五는 나는 용이 하늘에 있으니 대인을 봄이 이롭다. 상구上九는 높이 오른 용이니 후회함이 있을 것이다 亢龍有悔.
> – 《주역》 건괘乾卦

앞서 소개한 주역의 구절은 용의 여섯 가지 단계에 빗대어 군자의 발전을 이야기하고 있는 부분이다.

178. 은총이 더하면 극에 이를까 걱정하라

寵 增 抗 極
괼 총 더할 증 높을 항 가장 극

榮寵愈增이면 當存亢極之憂니 古人之居寵思危 以此也라
영총유증이면 당존항극지우니 고인지거총사위 이차야라

영광과 은총이 더욱 높아지면 마땅히 극에 이를 것을 걱정해야 하니, 옛사람들이 은총을 받으면 위태로움을 생각한 것이 이 때문이다.

...

물 아래 잠겨 나설 때를 기다리는 '초구', 세상에 모습을 드러낸 '구이', 매일같이 자신을 갈고닦는 '구삼', 더 높이 도약하고자 하는 '구사'를 거쳐 마침내 날아오르게 된 용 '구오'처럼, 인간 역시 준비와 노력의 과정을 거쳐 정상에 오르게 된다.

그러나 누구도 영원히 정상에 있을 수는 없기에, 계속해서 출세와 명예만을 좇으면 언젠가는 추락하게 된다. 따라서 주역에서도 '높이 오른 용은 후회함이 있다'는 말을 통해, 지나친 욕심을 부리지 않도록 항상 경계해야 한다고 말한 것이다.

抗의 음과 뜻은 본래 '높을 강' 이었으나, 현재는 뜻은 그대로지만 음은 '항'으로 읽는다.

179. 위태로움과 욕을 당하여 치욕에 가까우니

殆 | 辱 | 近 | 恥
거의 태   욕할 욕   가까울 근   부끄러울 치

老子曰 知足不辱하고 知止不殆라하니
人臣이 富貴以不能退하면 則必殆辱而近恥也라
노자왈 지족불욕하고 지지불태라하니
인신이 부귀이불능퇴하면 즉필태욕이근치야라

노자가 "만족함을 알면 욕되지 않고, 그칠 줄 알면 위태롭지 않다"고 하였으니, 신하가 부귀해지고도 물러가지 않으면 반드시 위태로움과 욕을 당하여 치욕에 가깝게 될 것이다.

...

> 이름과 내 몸 가운데 어느 것이 더 가까운가? 내 몸과 재물 가운데 어느 것이 더 소중한가? 얻는 것과 잃는 것 가운데 어느 것이 더 걱정되는가? 그러므로 무엇이든지 지나치게 좋아하면 반드시 그만큼 크게 낭비하고, 너무 많이 쌓아두면 반드시 크게 잃어버린다. 만족할 줄 알면 욕되지 않고, (적당할 때) 그칠 줄 알면 위태롭지 않다. 그렇게 하면 오랠 수 있다. -《노자》44장

180. 숲 우거진 언덕으로 나아가야 한다

林 | 皐 | 幸 | 即
수풀 임 | 언덕 고 | 행여 행 | 나아갈 즉

旣有知止知足之志하면 則可幸就林皐之下하여 以全其天也라
기유지지지족지지하면 즉가행취림고지하하여 이전기천야라

이미 그칠 줄 알고 만족할 줄 아는 뜻이 있으면 숲 우거진 언덕으로 나아가 천성을 온전히 보전할 것이다.

181. 두 소씨는 기미를 알아보았으니

兩 | 疏 | 見 | 機
두 양　소가 소　볼 견　기미 기

兩疏는 漢太傅疏廣과 及其兄子少傅疏受라 上疏乞骸骨하니 蓋見幾(機)而作也라
양소는 한태부소광과 급기형자소부소수라 상소걸해골하니 개견기이작야라

두 소씨는 한나라 태부 소광疏廣과 그의 조카인 소부少傅 소수疏受인데, 상소하여 물러가 해골(몸)을 (보전하기를) 원하였으니, 기미를 보고 일어난 것이다.

⋯

태부란 태자의 스승으로, 장차 천자가 될 이를 가르친다는 점에서 매우 명예롭고 권위 있는 직위였다. 그럼에도 그런 자리를 포기했으니, 욕심이 없는 소광의 성품을 잘 보여준다.

소광이 (조카) 수에게 말했다. "내가 들으니 '족한 줄 알면 욕되지 않고, 그만둘 줄 알면 위태롭지 않다'고 했다. 공을 이루면 물러나는 것이 하늘의 이치이다. 이제 벼슬하여 2,000석에 이르렀으니, 이같이 벼슬을 얻고 이름도 얻었는데 물러나지 않는다면, 아마도 후회할 일이 생길까 두렵다."
⋯ 천자가 그들의 나이가 많다고 하여 모두 (물러나길) 허락하고 황금 20근을 주었으며, 황태자가 50근을 주었다. ⋯ 소광이 고향으로 돌아와 날마다 집안 사람들로 하여금 술과 음식을 차리게 하고, 친척과 친구, 손님들을 불러 함께 즐겼다. ⋯ 모두 천명을 다하고 죽었다.-《한서漢書》권71 〈소광疏廣〉

182. 인끈을 풀고 (물러감을) 누가 핍박하랴

解 組 誰 逼
풀 해　　인끈 조　　누구 수　　가까울 핍

解脫印紱하고 **浩然長往**하니 **誰能逼迫而尼其行哉**리오
해탈인불하고 호연장왕하니 수능핍박이닐기행재리오

인끈을 풀어놓고 홀연히 떠났으니, 누가 핍박하여 그의 떠남을 막으랴?

・・・

> (관원들이 허리에 두르던 인끈의) 길이는 약 1척 2촌이고, 너비는 약 3척이다.-
> 《한관의漢官儀》

인끈은 벼슬을 상징하는 물건이었으므로, 인끈을 풀었다는 말은 벼슬을 내놓고 물러난다는 뜻이다. 지나친 욕심을 부리지 않는 미덕을 이야기하는 구절이다.

183. 한가롭게 거처하며

索居閑處
흩을 **삭**　살 **거**　한가할 **한**　있을 **처**

散居而靜處하니 卽休退者之事也라
산거이정처하니 즉휴퇴자지사야라

한가롭게 살며 조용히 거처하니, 이게 바로 벼슬을 그만두고 물러난 자의 일이다.

· · ·

> 내가 여러 친구들을 떠나 한가롭게 산 지도 이미 오래되었다.-《예기》〈단궁檀宮 상〉 자하子夏의 술회

184. 침묵을 지키고 고요하게 산다

沈 | 默 | 寂 | 寥
잠길 **침**　잠잠할 **묵**　고요할 **적**　빌 **요**

沈默은 不與人上下言議也요 寂寥는 不與人追逐過從也라
침묵은 불여인상하언의야요 적요는 불여인추축과종야라

침묵은 남들과 말을 오르내리지 않는 것이요, 적요寂寥는 남들을 쫓아다니거나 찾아다니지 않는 것이다.

・・・

오호라! 선비가 이 세상에 태어나서 어찌 벼슬을 멸시하여 버리고 산 속에서 오래 살기를 바라겠는가. 다만 그 도道가 세속과 맞지 않고 그 운명이 그때와 어긋났을 때, 이따금 고상高尙을 가탁하여 세상에서 도피한 자가 있으니 그 뜻 또한 비장한 것이다.

　당우唐虞 시대에는 요, 순을 임금으로 모시고 모두 화합하여 임금을 도우니 정치가 잘되었다. 그런데도 소부巢父나 허유許由 같은 무리가 있었다. 그들은 귀를 씻거나 표주박을 걸어 놓고서, 마치 (자신들이) 이 세상에 의해서 더럽혀질까 봐 세상을 버리고 가 버렸다. 저들은 또한 세상을 어떻게 본 것인가.

돌이켜보건대 나의 때와 운명이 맞지 않았으니, 옛사람이 탄식한 것과 비슷한 점이 있다. 만약 내 몸이 건장할 때에 조정에서 물러날 것을 청하여 나에게 주어진 목숨을 다 누린다면 이보다 더 큰 행복은 없을 것이다. 뒷날 숲 아래에서 세상을 버리고 속세와 인연을 끊은 선비를 만나게 된다면, 이 책을 꺼내 가지고 서로 즐겨 읽어 타고난 내 본성을 저버리지는 않으리라. - 허균《한정록閑情錄》서문

185. 옛것을 구하여 찾고 의논하며

求 | 古 | 尋 | 論
찾을 구　옛 고　찾을 심　의논할 론

君子閒居에 必有事焉하여 求古人之出處本末而尋索討論하니
則身雖退而有補於世教 大矣라
군자한거에 필유사언하여 구고인지출처본말이심색토론하니
즉신수퇴이유보어세교 대의라

군자가 한가롭게 거처할 때에도 반드시 일삼음이 있어 옛사람의 출처에 대한 본말을 구하여 찾고 토론하니, 몸이 비록 물러났더라도 세상의 교화에 도움되는 것이 크다.

⋯

선비가 이 세상에 태어나면 나라를 다스리고 세상을 건질 포부를 품게 된다. 어찌 요순 같은 임금을 떠나서 오래도록 산림 속에 은둔할 생각을 하겠는가. 마음과 세상일이 어긋나거나 행적과 시대가 맞지 않았을 때, 또는 만족하여 그칠 바를 알았거나 일의 기미를 깨달았을 때, 아니면 몸이 늙어 직무에 권태로울 때 비로소 벼슬에서 물러난다. 이는 자기 허물을 잘 고치는 것이라고 말할 수 있다. 그래서 〈퇴휴退休〉를 제4권으로 엮었다. - 허균《한정록》범례

186. 잡된 생각은 흩어버리고 노닌다

散 | 慮 | 逍 | 遙
흩을 산 생각 려 노닐 소 노닐 요

又當散其思慮하여 不以世事攖其心하고 逍遙而自適也라
우당산기사려하여 불이세사영기심하고 소요이자적야라

또 마땅히 생각을 흩어 세상 일에 마음을 얽매이지 않고 노닐며 유유자적하여야 한다.

⋯

《시경詩經》에 "두 창은 깃 떨어져 갈고리만 남았는데 군사는 하릴없이 하수 위를 소요逍遙하네"라고 했는데, 소요라는 것은 나아감도 없고 그침도 없이 그럭저럭 세월을 보낸다는 뜻이다. 이경지李景祉 군이 어려서는 서울에서 노닐다가 때가 불리하여 춘천 들판에 물러나 농사를 짓기도 했으며, 또 글을 읽었어도 이룬 것이 없고, 말타기와 활쏘기를 익혔으나 때를 만나지 못하자 조그마한 동산을 꾸며 꽃을 심고 나무를 접붙여 그 가운데서 읊조리며 살았는데, 그곳 이름을 '소요원逍遙園'이라고 했다. … 경지에게 이른바 농사라는 것은 다만 농사 속에서 소요하는 것이요, 이른바 글이라고 하는 것은 글 속에서 소요함을 말하며, 활쏘기·말타기라는 것도 활 쏘고 말 타는 속에서 소요함을 말하는 것이니, '소요'라는 이름이 동산에서 비롯된 것은 아니다. 소요원逍遙園에서 노는 사람은 이것으로 그 의미를 찾으면 아마 해답을 얻을 수 있을 것이다. 이것으로 기記를 쓴다. - 정약용《소요원기》

187. 기쁜 일은 아뢰고 나쁜 일은 보내면

欣 奏 累 遣
기쁠 흔   나올 주   더러울 누   보낼 견

言居閒散慮하면 則欣賞之情自進하고 而冗累之事自退矣라
언거한산려하면 즉흔상지정자진하고 이용루지사자퇴의라

한가한 곳에 살며 잡스런 생각을 흩어버리면 기뻐하며 감상하는 정이 저절로 나오고, 잡되게 얽매이는 일이 저절로 물러갈 것이다.

• • •

주해 천자문에서는 奏를 "나올 주"로 설명했는데, 석봉 천자문에서는 "사뢸(아뢸) 주"로 설명하여 뜻이 더 분명해진다.

시골이라 인간사 드물고　　　　　野外罕人事 야외한인사
좁은 골목이라 수레도 적구나.　　窮巷寡輪鞅 궁항과륜앙
대낮에 사립문 닫고　　　　　　　白日掩荊扉 백일엄형비
빈방에 앉아 있으니 잡생각 사라진다.　虛室絕塵想 허실절진상
- 도연명 〈귀전원거歸田園居〉

188. 슬픔이 떠나고 기쁨이 온다

感 | 謝 | 歡 | 招
슬플 척   사양 사   즐길 환   부를 초

疚憾之思日去하고 而歡樂之趣日來矣라
구척지사일거하고 이환락지취일래의라

(이렇게 하면) 슬픈 생각이 나날이 떠나가고, 기쁜 정취가 나날이 올 것이다.

· · ·

앞서 소개한 시를 쓴 도연명은 중국의 가장 유명한 시인 중 하나이다. 그는 마흔에 관직을 얻었으나, 먹고살기 위해 부패한 고관들의 비위를 맞춰야 하는 현실에 염증을 느끼고 벼슬에서 물러나 고향으로 돌아갔다. 〈귀전원거〉는 이처럼 세속의 정치나 인간사와 거리가 먼 고향에서 느끼는 한가로운 기쁨을 노래한 시이다.

189. 개천의 연꽃은 곱고 분명하며

渠 荷 的 歷
개천 **거** 연 **하** 밝을 **적** 빛날 **력**

溝渠之荷가 當夏盛開하여 的歷然芳香可把也라
구거지하가 당하성개하여 적력연방향가읍야라

개천의 연꽃이 여름을 맞아 활짝 피어, 분명히 아름다운 향기를 손에 잡을 수 있다.

⋯

> 나는 유독, 진흙에서 나왔으나 더러움에 물들지 않고, 맑고 출렁이는 물에 씻겨 깨끗하나 요염하지 않으며, 속은 비어 있어서 통하고 밖은 곧으며, 덩굴도 뻗지 않고 가지를 치지 아니하며, 향기는 멀수록 더욱 맑고, 꼿꼿하고 깨끗이 서 있어 멀리서 바라볼 수는 있으나 함부로 가지고 놀 수 없는 연꽃을 사랑한다. 국화는 꽃 중에 속세를 피해 사는 자요, 모란은 꽃 중에 부귀한 자요, 연꽃은 꽃 중에 군자라고 할 수 있다. – 주돈이 〈애련설愛蓮說〉

주돈이는 중국 북송의 유학자로, 지식뿐 아니라 마음과 감정, 인격을 중시하는 성리학의 기반을 닦은 인물로 알려져 있다. 그가 쓴 〈애련설〉 역시 연꽃에 빗대어 군자의 마음가짐을 이야기하는 글이다.

190. 동산의 풀은 가지가 뻗어오른다

園 茻 抽 條
동산 **원**   풀 **망**   뺄 **추**   가지 **조**

園林之茻가 方春交翠하여 蒙茸然抽條可愛也라
원림지초가 방춘교취하여 몽용연추조가애야라

동산의 풀이 봄을 맞아 서로 푸르러져, 우북히 빼어난 가지가 사랑스럽다.

· · ·

뜻있는 선비가 벼슬에서 물러나 자연을 벗 삼으며 유유자적하는 모습을 여름과 봄의 경치를 들어 묘사하였다.

191. 비파나무는 늦도록 푸르고

枇 | 杷 | 晚 | 翠
비파 **비**   비파 **파**   늦을 **만**   푸를 **취**

枇杷는 值寒節而乃花라 故曰晚翠라하니라
비파는 치한절이내화라 고왈만취라하니라

비파나무는 추운 철을 만나야 꽃이 피므로 '늦도록 푸르다'고 한 것이다.

192. 오동나무는 일찍 시든다

梧 | 桐 | 早 | 彫

머귀 오   머귀 동   이를 조   시들 조

梧桐은 得金氣而先零이라 故日早彫(凋)라하니라
오동은 득금기이선령이라 고왈조조라하니라

오동나무는 금기金氣(가을 기운)를 얻으면 (잎이) 맨 먼저 떨어지므로 '일찍 시든다'고 한 것이다.

...

안으로 여색에 빠지거나	內作色荒 내작색황
밖으로 사냥에 빠지거나	外作禽荒 외작금황
맛있는 술과 음악을 좋아하거나	甘酒嗜音 감주기음
높은 집에 아로새긴 담장을 두르거나	峻宇彫牆 준우조장
이 가운데 하나라도 있으면서	有一於此 유일어차
여태껏 망하지 않은 사람이 없다.	未或不亡 미혹불망

-《서경》〈오자지가五子之歌〉

彫를《주해 천자문》두 번째 설명에서는 "새길 조"라고 설명했는데, 이 뜻으로 더 많이 사용된다.

193. 묵은 뿌리가 (땅에) 쌓이고 덮이며

陳 根 委 翳
묵을 진　뿌리 근　버릴 위　가릴 예

百艸至冬而枯零하여 陳宿之根이 委蔽於地也라
백초지동이고령하여 진숙지근이 위폐어지야라

온갖 풀이 겨울이 되면 마르고 떨어져, 묵은 뿌리가 땅에 쌓이고 덮인다.

194. 떨어진 잎이 이리저리 흩날린다

落 葉 飄 颻
떨어질 낙　잎 엽　흩날릴 표　흩날릴 요

萬木經霜而搖落하여 蕭疎之葉이 飄舞於空也라
만목경상이요락하여 소소지엽이 표무어공야라

온갖 나무가 서리를 맞으면 (잎이) 떨어져, 앙상한 잎이 공중에 흩날리며 춤을 춘다.

・・・

떨어진 잎이 흩날려 나그네 문을 막으니　落葉飄颻客塞門 낙엽표요객새문
여관에 해 기울도록 아무도 없이 고요하구나.　日斜旅舘靜無羣 일사여관정무군
일어나 정자에 올라 서남쪽 바라보니　起來亭上西南望 기래정상서남망
한 조각 마음이 만리 구름으로 다투는구나.　一片心爭萬里雲 일편심쟁만리운
　- 박의중〈요차망운정운遙次望雲亭韻〉

위의 시는 인현왕후의 폐위를 반대하다가 사약을 받고 죽은 박의중(1654~1689)의 시이다. 잘 보면 칠언절구 첫 구절의 넉 자를《천자문》의 한 구절에서 그대로 가져다 쓴 것을 알 수 있다.

195. 노니는 곤어는 홀로 (바다에서) 움직이다가

遊 | 鯤 | 獨 | 運
놀 유　큰고기 곤　홀로 독　옮길 운

鯤은 莊周所謂北溟之魚니 其遊也獨運於滄海라 鯤은 俗本作鵾하니 誤라
곤은 장주소위북명지어니 기유야독운어창해라 곤은 속본작곤하니 오라

곤鯤은 장자가 말한 '북명(북해)의 고기'인데, 이것이 노닐 때에는 홀로 푸른 바다에서 움직인다. 곤鯤은 속본俗本에 곤鵾으로 되어 있는데, 잘못된 글자이다.

⋯

> 북쪽 바다에 곤鯤이라고 하는 물고기가 있는데, 크기가 몇천 리인지 알 수 없다. 곤이 새로 변하면 붕鵬이라고 하는데, 붕의 등도 또한 몇천 리인지 알 수 없다. 붕이 한 번 성을 내어 날게 되면, 그 날개가 하늘에 드리운 구름 같다. 바다의 흐름이 바뀔 때가 되면 붕은 남쪽 바다로 옮겨 가는데, 남쪽 바다란 천지天池를 말한다. 제해齊諧라고 하는 괴상한 사람이 (붕에 대해) 말했다.
> "붕이 남쪽 바다로 날아가면 바다 위 삼천 리에 걸쳐 날갯짓을 하고, 회오리바람을 말아올려 구만 리를 올라가며, 한 번 숨 쉴 때마다 여섯 달이 지나간다." – 《장자》〈소요유逍遙遊〉

주해에서 속본俗本이란 세상에 떠도는 《천자문》을 가리키는데, 《석봉 천자문》도 역시 곤鵾으로 적혀 있으므로 《주해 천자문》이 《석봉 천자문》의 잘못을 바로잡은 것이다.

196. 붕새가 되어 붉은 하늘을 능멸하여 만진다

넘을 **능**   만질 **마**   붉을 **강**   하늘 **소**

鯤化爲鳥하면 其名曰鵬이니 背負靑天하여 一飛九萬里하니 卽凌摩絳霄也라
此는 喩人之飛騰潛運이 各有時也라
곤화위조하면 기명왈붕이니 배부청천하여 일비구만리하니 즉능마강소야라
차는 유인지비등잠운이 각유시야라

곤어가 변하여 새가 되면 그 이름을 붕새라 한다. 등에 푸른 하늘을 지고 한 번에 구만 리를 날아가니, (이것이) 바로 '붉은 하늘을 능멸하며 만지는 것'이다. 이는 사람이 (청운의 길에) 날아오르거나 숨어 움직이는 것이 각각 때가 있음을 비유한 것이다.

197. 글 읽기를 즐겨 저자에서 책을 보니

耽 | 讀 | 翫 | 市
즐길 **탐**　읽을 **독**　구경 **완**　저자 **시**

　　　　漢上虞王充이 家貧하여 好學而無書일새 每向書肆하여
　　　　　　　覽其書하면 終身不忘하니라
　　　　한상우왕충이 가빈하여 호학이무서일새 매향서사하여
　　　　　　　남기서하면 종신불망하니라

한나라 때 상우上虞 왕충王充은 집이 가난하여 학문을 좋아하면서도 책이 없었는데, 매번 서점에 가서 그 책을 보면 죽을 때까지 잊지 않았다.

・・・

> 왕충의 자는 중임仲任인데, 회계會稽 상우上虞 사람이다. … 집이 가난해 책이 없었으므로 항상 낙양 시장에 노닐면서 책 파는 집을 물어, 한 번 보면 외워 기억했다. 드디어 여러 유파 백가百家의 학설에 널리 통달하였다. … 《논형論衡》 85편 20여만 언을 지었다. -《후한서》 권79 〈왕충전王充傳〉

198. 눈을 (책에) 붙이면 주머니와 상자에 (책을) 담아둔 것 같았다

寓 | 目 | 囊 | 箱
붙일 우 | 눈 목 | 주머니 낭 | 상자 상

人稱王充寓目囊箱이라하니 以其一寓目하면 輒不忘하여 如貯書於囊箱之中也라
인칭왕충우목낭상이라하니 이기일우목하면 첩불망하여 여저서어낭상지중야라

사람들은 '왕충이 (책에) 눈을 붙이면 (그 책을) 주머니와 상자에 넣어두는 것'이라고 했으니, 한 번만 읽으면 잊지 않아 마치 (자기) 주머니나 상자 속에 책을 넣어둔 것과 같았기 때문이다.

199. 말을 쉽고 가볍게 하는 것은 (군자가) 두려워하는 바이니

易 | 輶 | 攸 | 畏

쉬울 **이**   가벼울 **유**   바 **유**   저어할 **외**

此는 言言不可不愼也라 輕易其言하면 則必致差失하니 君子之所畏也라
차는 언언불가불신야라 경이기언하면 즉필치차실하니 군자지소외야라

이는 말을 삼가지 않으면 안 됨을 말한 것이다. 말을 가볍게 하면 반드시 실수를 저지르니, 이는 군자가 두려워하는 바이다.

⋯

높지 않으면 산이 아니고   莫高匪山 막고비산
깊지 않으면 샘이 아니지.   莫浚匪泉 막준비천
군자는 가볍게 말하지 않으니   君子無易由言 군자무이유언
담에도 귀가 붙어 있기 때문이라네.   耳屬于垣 이속우원
내 어살에 가서   無逝我梁 무서아량
통발을 꺼내지 말게.   無發我笱 무발아구
내 몸도 받아들여지지 않으니   我躬不閱 아궁불열
내 뒷일까지 걱정할 겨를 있으랴?   遑恤我後 황휼아후
— 《시경》 소아 〈소반小弁〉

200. 귀가 담장에 붙어 있다

붙일 속　귀 이　담 원　담 장

詩曰 君子無易由言이어다 耳屬于垣이라하니
言不可易於其言하니 恐耳屬于垣也라
시왈 군자무이유언이어다 이속우원이라하니
언불가이어기언하니 공이속우원야라

《시경》에 이르기를 "군자는 말을 함부로 하지 말라. (사람들의) 귀가 담에 붙어 있다"라고 하였다. 말을 함부로 해서는 안되니, 사람들의 귀가 담에 붙어 있음을 두려워하라고 말한 것이다.

201. 반찬을 갖추어 밥을 먹으니

具 | 膳 | 飧 | 飯
갖출 **구**　반찬 **선**　밥 **손**　밥 **반**

備膳而啖飯은 日用飮食之常也라
비선이담반은 일용음식지상야라

반찬을 갖추어 밥을 먹는 것은 일상적으로 음식을 먹는 떳떳한 일이다.

· · ·

> 진상陳相이 맹자를 만나자, 허행許行의 학설에 따라 이렇게 말했다.
> "등滕나라 임금은 참으로 어진 임금입니다. 그렇지만 올바른 도리를 아직 모르고 있습니다. 현명한 임금은 백성들과 더불어 밭을 갈아 먹고 살며, 아침밥과 저녁밥을 손수 지어 먹으며 나라를 다스립니다饔飧而治옹손이치."-《맹자》〈등문공 상〉

반飯은 하루에 세 끼 먹는 밥을 가리킨다. 이 가운데 아침밥을 옹饔이라 하고, 저녁밥을 손飧,飱이라고 한다. 점심밥은 향餉이다. 들판에서 일하다가 먹는 점심(새참)은 엽饁이다.

202. 입에 맞아 창자를 채운다

適 口 充 腸
맞을 적 　 입 구 　 찰 충 　 창자 장

飮食은 只當適吾之口하고 充吾之腸하여 不飢而已요 不可侈也라
음식은 지당적오지구하고 충오지장하여 불기이이요 불가치야라

음식은 다만 내 입에 맞게 하고 내 창자를 채워 굶주리지 않게 할 뿐이지, 사치스럽게 해선 안 된다.

...

공자와 맹자 모두 음식에 집착하는 태도를 경계했다.

> 군자는 먹는 데 배부름을 구하지 않고, 거처하는 데 편안한 곳을 구하지 않는다. - 《논어》 〈학이 學而〉
>
> 맹자가 이렇게 말했다. "굶주린 자는 달게 먹고, 목마른 자는 달게 마신다. 그러나 음식의 바른 맛을 안 것은 아니다. 굶주림과 목마름이 그 입맛을 버렸기 때문이다. 그러나 어찌 입과 배에만 굶주림과 목마름의 장해가 있겠느냐? 사람의 마음에도 또한 장해가 일어난다." - 《맹자》 〈진심 상〉

203. 배부르면 요리한 고기도 싫고

飽 | 飫 | 烹 | 宰
배부를 포   싫을 어   삶을 팽   음식 다룰 재

方其飽時하여는 則雖烹宰珍品이라도 亦厭飫而不嘗矣라
방기포시하여는 즉수팽재진품이라도 역염어이불상의라

배가 부를 때에는 비록 요리한 고기와 진귀한 식품이 있어도 또한 싫증나 맛보지 않는다.

····

> 만장이 맹자에게 물었다. "이윤(伊尹)이 요리 솜씨를 가지고 탕왕에게 써주기를 요구했다' 고 말하는 사람이 있는데, 정말 그랬습니까?" "아니 그렇지 않다. … 나는 '이윤이 요임금과 순임금의 도를 가지고 탕왕에게 써주기를 구했다'는 말을 들었지만, '그가 요리 솜씨를 가지고 써주기를 구했다'는 말은 듣지 못했다." —《맹자》〈만장 상〉
>
> 임금께서 말씀하셨다. "내가 술과 단술을 빚는다면 그대는 누룩과 엿기름이 되어주고, 내가 양념을 넣고 국을 끓이게 되면 그대는 소금과 식초가 되어주시오." —《서경》〈열명 하〉

위는 은나라 탕왕과 재상 이윤의 이야기고, 아래는 은나라 고종과 재상 부열의 이야기이다. 이처럼 다양한 재료와 양념으로 맛있는 음식을 만들어 내는 행위인 요리가 정치나 재상과 연결되었다.

204. 굶주리면 지게미와 겨도 배부르게 먹는다

饑 | 厭 | 糟 | 糠
주릴 기   배부를 염   재강 조   겨 강

及其飢也하여는 則雖糟糠薄具라도 必厭足而甘美矣라
급기기야하여는 즉수조강박구라도 필염족이감미의라

굶주리게 되면 비록 술지게미와 쌀겨같이 하찮은 음식이라도 반드시 만족하여 달고 훌륭하게 여긴다.

...

> 송홍宋弘은 중후하고 정직한 인물이어서 광무제光武帝가 몹시 총애하여 대사공大司公이란 벼슬까지 올랐다. 그때 마침 광무제에게 과부가 된 누이가 있었다. 광무제는 송홍이 처자식이 있는 사람인데도 불구하고 누이와 맺어주려고 하였다. 그래서 어느 날 조회를 마치고 송홍을 불러 은근히 구슬렸다. "신분이 높아지면 친구와 부인을 바꾸는 것이 인지상정 아닌가?" 그러자 송홍이 단호히 대답했다. "가난하고 미천했을 때에 사귄 친구는 잊지 말아야 하고, 조강지처를 집에서 내보내면 안됩니다." – 《후한서》〈송홍전〉

조강지처는 가난한 시절에 술지게미와 쌀겨를 먹으면서 가난을 함께 견뎌낸 아내를 가리키며, 이 글에서 '조강지처불하당糟糠之妻不下堂'이란 말이 나왔다.

205. 친척과 옛 친구는

親 | 戚 | 故 | 舊
겨레 친　겨레 척　낡을 고　옛 구

同姓之親曰親이요 異姓之親曰戚이요 舊要曰故舊니 皆有品節也라
동성지친왈친이요 이성지친왈척이요 구요왈고구니 개유품절야라

성씨가 같으면서 친한 이를 친親이라 하고, 성씨가 다르면서 친한 이를 척戚이라 하며, 옛부터 사귄 이를 고구故舊라 하니, 모두 등급이 있는 것이다.

⋯

1575년에 출판된 《광주 천자문》에서는 親 자를 '어버이 친'이라 하고, 1583년에 출판된 《석봉 천자문》에서는 '친할 친'이라 하였으며 《주해 천자문》에서는 '겨레 친'을 첫머리에 소개하였다. 부모에서 친지를 거쳐 친척으로 의미가 넓어진 셈이다. 戚 자도 《광주 천자문》에서는 '아숨 척', 《석봉 천자문》에서는 '아음 척'이라 하여 《주해 천자문》의 '겨레 척'보다 옛 모습을 보여준다. 친척은 동성同姓의 겨레고, 인척姻戚은 이성異姓의 겨레며, 외척外戚은 어머니 쪽 겨레다.

206. 늙고 젊음에 따라 음식을 달리한다

老 | 少 | 異 | 糧
늙을 노　젊을 소　다를 이　양식 량

老者는 非帛不煖하고 非肉不飽하며 少者亦宜節其飮食하고 愼其愛養이니
禮所謂十五以上老少異食이 是也라
노자는 비백불난하고 비육불포하며 소자역의절기음식하고 신기애양이니
예소위십오이상노소이식이 시야라

늙은이는 비단옷이 아니면 따뜻하지 않고 고기가 아니면 배부르지 않으며, 젊은이도 또한 음식을 절제해야 하며 사랑으로 기르기를 삼가야 하니, 《예기》에 이른바 "15세 이상은 늙은이와 젊은이가 음식을 달리한다"는 것이 바로 이 말이다.

・・・

쉰이 되면 음식을 어린 사람들과 달리해야 한다. 예순이 되면 고기를 드리고, 일흔이 되면 두 가지 좋은 반찬을 드린다. 여든이 되면 항상 귀한 음식을 드리고, 아흔이 되면 음식이 잠자리에서 떨어지면 안 된다. 놀러 나갈 때에도 좋은 반찬과 마실 것이 따라야 한다. -《예기》〈왕제〉

207. 첩은 길쌈을 하고

妾 | 御 | 績 | 紡
첩**첩**　모실**어**　길쌈**적**　길쌈**방**

妾御는 妾也라 然이나 自王后織紞으로 至庶士以下之衣其夫에 皆有其職하니
紡績이 豈止於妾이리오 此는 偶不言妻耳라
첩어는 첩야라 연이나 자왕후직담으로 지서사이하지의기부에 개유기직하니
방적이 기지어첩이리오 차는 우불언처이라

첩어 妾御란 첩을 말한다. 그러나 면류관 끈을 짜는 왕후로부터 남편의 옷을 만들어 입히는 서사 庶士 이하의 아내에 이르기까지 모두 그 직분이 있으니, 길쌈하는 것이 어찌 첩에게만 그치겠는가. 이는 우연히 아내를 말하지 않았을 뿐이다.

208. 장막 친 방에서 수건으로 시중들어 모신다

侍 | 巾 | 帷 | 房
모실 **시**   수건 **건**   장 **유**   구들 **방**

侍巾櫛於帷房之內者는 亦妻妾之事也라
시건즐어유방지내자는 역처첩지사야라

수건과 빗을 가지고 장막 친 방 안에서 모시는 것도 또한 처첩의 일이다.

・・・

'유방', 즉 장막 친 방은 부부가 함께 지내는 침실을 일컫는 말이다. 이 때문에 임을 그리는 화자의 심정을 담은 시에서도 '장막 친 방'이 자주 등장한다.

아름다운 손으로 타는 솜씨는
옛날 가락이 그대로 있다마는
연꽃 무늬 휘장 드리운 방 안이 텅 비었으니,
누구의 귀에 들리겠는가?
−허난설헌, 〈규원가閨怨歌〉

꽃이 지고 새 잎이 나니 녹음이 깔렸는데,
비단 장막은 고요히 비어 있네.
−정철, 〈사미인곡思美人曲〉

209. 비단 부채는 둥글고 깨끗하며

紈 扇 圓 潔
집 환　부채 선　둥글 원　깨끗할 결

裁紈爲扇하니 團圓潔白也라 潔은 唐本作絜하니 誤라
재환위선하니 단원결백야라 결은 당본작결하니 오라

흰 깁(비단)을 잘라 부채를 만드니, 둥글고 깨끗하다. 결潔자는 당본唐本에 혈絜자로 되어 있는데, 잘못이다.

210. 은빛 촛불은 빛나고 환하다

銀 | 燭 | 煒 | 煌
은 은 | 초 촉 | 빛날 위 | 빛날 황

古者에 束薪爲燭이러니 後世에 用蠟燭하니 其光明如銀이라
故로 曰銀燭이라 煒煌은 亦光明之意라
고자에 속신위촉이러니 후세에 용납촉하니 기광명여은이라
고로 왈은촉이라 위황은 역광명지의라

옛날에는 나무 섶을 묶어 촛불을 만들었는데, 후세에 밀로 만든 촛불을 사용하자 그 밝음이 은빛 같았으므로 '은촉銀燭'이라고 한 것이다. 위황煒煌도 또한 광명의 뜻이다.

· · ·

흰 비단 부채와 은빛 촛불은 모두 군자의 모습을 그려낸 표현이다. 덕이 있는 군자란 하얀 비단으로 만든 부채와 같은 고결함과, 어두운 방을 밝히는 은촉처럼 세상을 밝히는 성품과 지혜를 갖추어야 한나는 뜻이다.

211. 낮에 졸고 저녁에 자니

晝 | 眠 | 夕 | 寐
낮 주   졸 면   저녁 석   잠 매

晝而眠하고 夕而寐는 閒人自適之事라
然이나 宰我晝寢이어늘 孔子比於朽木糞牆하시니 君子惟當夙興而夜寐也라
주이면하고 석이매는 한인자적지사라
연이나 재아주침이어늘 공자비어후목분장하시니 군자유당숙흥이야매야라

낮에 졸고 저녁에 잠자는 것은 한가한 사람이 유유자적하는 일이다. 그러나 재아가 낮잠을 자자, 공자께서 썩은 나무와 거름흙으로 된 담장에 비유하셨으니, 군자는 오직 마땅히 일찍 일어나고 밤에 자야 한다.

...

> 재여宰予가 낮잠을 자자, 선생님께서 말씀하셨다. "썩은 나무로는 조각을 할 수가 없고, 썩은 흙으로 만든 담에는 덧칠할 수가 없다. 재여에게 가르치는 것은 이제 포기했다."
> 선생님께서 다시 말씀하셨다. "처음에 나는 사람을 대할 때에 그 말하는 것을 들으면 그대로 실행하고 있는 줄 알았다. 그런데 이제는 남이 말하는 것을 들은 다음, 과연 그 말대로 실행하고 있는지 살펴보기로 했다. 나는 재여 때문에 생각을 바꾸었다." - 《논어》〈공야장公冶長〉

공자의 제자인 재여宰予의 자가 재아宰我이다.

212. 푸른 대나무와 코끼리 뼈로 만든 침상이다

藍 筍 象 牀
쪽 남 　 죽순 순 　 코끼리 상 　 평상 상

藍은 恐當作籃이니 籃筍은 籠竹爲輿也라
象牀은 桯第니 閒以象骨飾之者라
남은 공당작남이니 남순은 농죽위여야라
상상은 정제니 간이상골식지자라

남藍자는 남籃자로 써야 할 듯한데, 남순籃筍은 대나무를 엮어 수레를 만든 것이다. 상상象牀은 걸상이니, 코끼리 뼈로 사이를 꾸민 것이다.

· · ·

천자문에서는 보통 이 구절의 첫 글자로 藍 (쪽 람/남) 자를 쓰지만, 주해에서는 이를 籃 (대바구니 람/남) 자로 써야 한다고 말하고 있다. 아기를 재우는 요람의 '람' 자가 바로 대바구니 람籃 자이다.

213. 거문고를 켜고 노래하며 술로 잔치하고

絃 歌 酒 讌
줄 현 　노래 가 　술 주 　잔치 연

絃歌迭奏는 所以侑酒也요
현가질주는 소이유주야요

거문고와 노래를 차례로 연주함은 술을 권하는 것이다.

⋯

악기의 종류는 악기를 만든 재료에 따라 여덟 가지로 나눈다. 금金, 석石, 사絲, 죽竹, 포匏, 토土, 혁革, 목木의 여덟 가지 가운데 줄로 소리를 내는 거문고나 비파 같은 현악기를 주로 선비들이 연주하며 노래를 불렀다. 악기를 만든 재료에 따라 악기 이름에 이 글자들이 들어가는데, 여러 가지 악기로 합주할 때에는 종鐘을 쳐서 연주를 시작하고, 경磬을 울려서 연주를 마쳤다.

214. 잔을 잡고 들어 권한다

接 杯 擧 觴
붙을 접 잔 배 들 거 술잔 상

杯觴交錯은 所以飾歡也라
배상교착은 소이식환야라

술잔을 번갈아 올리는 것은 기쁨을 꾸미는 것이다.

215. 손을 들고 발을 구르니

矯 | 手 | 頓 | 足
들 교   손 수   조을 돈   발 족

矯頓은 手舞足蹈之貌라
교돈은 수무족도지모라

교矯와 돈頓은 손으로 춤추고 발로 뛰는 모양이다.

· · ·

과거 손님을 맞는 일, 즉 '접빈객'은 인맥을 넓히고 집안의 권위를 보이는 일이었다. 이 때문에 손님을 대접하는 일은 가장 중요한 일 중 하나였다.
앞서 음악을 연주해 잔치의 흥을 돋우고, 술잔을 들어 권하며, 손을 들고 발을 구르며 춤추는 것은 모두 손님을 맞이하여 즐겁게 어울리는 모습을 나타낸 구절이다.

216. 기쁘고 또 편안하다

悅 豫 且 康

기쁠 **열**　기쁠 **예**　또 **차**　편안할 **강**

絃觴歌舞는 所以悅豫而康樂也라
현상가무는 소이열예이강락야라

거문고를 타고 술잔을 올리며 노래하고 춤추는 것은 기뻐하고 편안하게 하는 것이다.

⋯

생황과 북에 맞춰 피리 들고 춤을 추며　籥舞笙鼓^{약무생고}
음악이 어울려 연주되니,　樂既和奏^{악기화주}
여러 조상들 즐겁게 하며　烝衎烈祖^{증간열조}
모든 예에도 알맞아라.　以洽百禮^{이합백례}
모든 예가 갖추어지니　百禮既至^{백례기지}
크고도 많아라.　有壬有林^{유임유림}
커다란 복을 신께서 내려주시니·　錫爾純嘏^{석이순하}
자손들도 즐거워라.　子孫其湛^{자손기담}
- 《시경》 소아 〈빈지초연 賓之初筵〉

217. 적자로 뒤를 잇고

嫡 後 嗣 續
적실 **적**　나중 **후**　이을 **사**　이을 **속**

嫡後는 嫡長之爲後者요 嗣續은 繼其代也라
적후는 적장지위후자요 사속은 계기대야라

적후嫡後는 적장자嫡長子로 후계자가 된 자요, 사속嗣續은 그 대를 잇는 것이다.

∴

이 구절은 가문의 대를 잇고 제사를 모시는 의무가 집안의 적장자, 즉 맏아들에게 있음을 말하고 있다.

218. 제사에는 증과 상이 있다

祭 祀 蒸 嘗
제사 **제**　제사 **사**　제사 **증**　제사 **상**

言祭祀之禮也니 只擧秋嘗冬蒸而春祠夏禴이 亦可包也라
언제사지례야니 지거추상동증이춘사하약이 역가포야라

제사의 예를 말한 것이다. 가을의 상제嘗祭와 겨울의 증제蒸祭만을 들었지만, 봄의 사제祠祭와 여름의 약제禴祭 또한 포함되는 것이다.

· · ·

《중용》 18장에 "봄가을로 조상들의 사당을 손질하고, 그 종기宗器들을 진열하며, 의복을 펴놓고, 제철의 음식을 바쳤다"라고 하였다. 주해에서 말하는 약사증상禴祀蒸嘗은 개인의 제사가 아니라 종묘사직에 철 따라 지내는 제사다. 봄에 지내는 약禴은 음악을 위주로 하는 제사인데, 봄에는 곡식이 없어 간략하게 지내기 때문에 약礿이라고도 하였다. 여름 제사를 사祀라고 하였는데, 《주례》 소종백小宗伯의 주에서는 "복을 구하는 것을 도禱라 하고, 구하여 얻고서 지내는 제사를 사祠라 하니, 또한 제사하여 복을 내려준 데 대해 보답하는 것이다"라고 하였다. 가을 제사를 상嘗이라고 했는데 《좌전左傳》에 "처음 숙살지기肅殺之氣가 생길 때 상 제사를 올린다"라 하고, 그 주소註疏에 "상嘗이란 종묘에 올리는 것이니, 새로운 곡식을 맛본다는 것으로 이름 삼았다"라고 하였다.

219. 이마를 조아리며 두 번 절하고

稽 | 顙 | 再 | 拜
조아릴 계 | 이마 상 | 두 재 | 절 배

禮數之勤也요
예수지근야요

의식의 절차가 부지런하니,

...

> 상례喪禮는 슬픔이 지극하다. 절하고 이마를 조아리는 것은 슬픔과 아픔이 지극하기 때문이다. -《예기》〈단궁檀弓 하〉
>
> 예禮는 겉으로 사치하기보다는 차라리 검소해야 하고, 초상初喪은 절차만 잘 치르기보다는 차라리 슬퍼해야 한다. -《논어》〈팔일八佾〉

'계상재배稽顙再拜' 네 글자는 조선 시대에 상주喪主들이 편지 첫머리에 가장 많이 쓰던 인사말이었다.

220. 두려워하며 공경한다

悚 | 懼 | 恐 | 惶
두려울 **송** 두려울 **구** 저어할 **공** 저어할 **황**

嚴敬之至也라
엄경지지야라

엄숙하고 공경함이 지극한 것이다.

· · ·

아무개는 이마를 조아려 두 번 절하고 말씀드립니다稽顙再拜言. 아무개의 죄가 몹시 중하여 스스로 죽어 없어지지 못하고 재앙이 선고(先考, 돌아가신 아버지)에게 미치니, 부여잡고 가슴 치고 발을 구르며 오장이 찢어져 무너지나, 하늘과 땅에 소리쳐도 어쩔 수가 없습니다. 날과 달이 머물지 아니하여 문득 달을 넘기니, 참혹한 벌에 고통스런 죄를 받아酷罰罪苦 온전히 살까 바라지 못하였는데, 당일(조문해주신) 은혜를 입어 단지 영좌靈座를 모시고 구차스레 몸을 보존하고 있습니다.
존장께서 몸소 위문해주시니, 슬픈 감정 지극한 중에 저의 정성 감당할 수 없고, 소리치며 호소할 길도 없어 숨이 끊어질 듯함을 이기지 못하고, 삼가 말씀을 받들어 올립니다. 혼미한 가운데 제대로 적지 못하고 삼가 올립니다. 아무 달 아무 날.
- 《상변통고常變通攷》〈부모상을 당해 남의 조문에 답하는 편지〉

221. 편지는 간단하고 긴요해야 하며

牋 | 牒 | 簡 | 要
기록 전   글월 첩   간략 간   종요 요

啓上曰牋이요 平等曰牒이니 欲其簡嚴而要切也라
계상왈전이요 평등왈첩이니 욕기간엄이요절야라

윗사람에게 올리는 것을 전牋이라 하고, 평등한 사이에 (보내는 것을) 첩牒이라 하는데, 간단하고 긴요해야 한다.

···

당나라 때는 아래에서 위로 보내는 공문이 모두 여섯 가지였다. ··· 여섯 번째가 첩牒이니, 품계 있는 관원이 보낸 공문을 모두 첩牒이라 하였다. ··· 송나라 제도에는 육부六府에서 서로 보낼 때 공첩公牒을 썼다. ··· 오늘날의 제도는 위에서 아래로 보내는 공문을 ··· 고첩故牒이라 하고, 아래에서 위로 올리는 공문을 ··· 첩정牒呈이라 한다. -《문체명변》

222. 묻고 답함은 살피고 자세해야 한다

顧 答 審 詳
돌아볼 고 대답 답 살필 심 자세할 상

通候曰顧요 報覆曰答이니 欲其審辨而詳明也라
통후왈고요 보복왈답이니 욕기심변이상명야라

안부를 통하는 것을 고顧라 하고, 회답하는 것을 답答이라 하니, 살펴서 분별하고 자세히 설명해야 한다.

• • •

군자를 모시고 있을 때에 좌우를 돌아보지 않고 대답하는 것은 예의가 아니다. -《예기》〈곡례曲禮〉

군자를 모시는 태도에 세 가지 잘못이 있다. (그에 관한) 말씀을 하지 않았는데 먼저 말하는 것을 조급하다 하고, 말씀을 하셨는데도 말하지 않는 것을 숨긴다 하며, 얼굴빛을 살피지 않고 말하는 것을 눈멀었다고 한다. -《논어》〈계씨季氏〉

223. 몸에 때가 있으면 목욕할 것을 생각하고

骸 | 垢 | 想 | 浴
뼈 해　때 구　생각 상　목욕할 욕

體有垢하면 則必思澡浴하고
체유구하면 즉필사조욕하고

몸에 때가 있으면 반드시 목욕할 것을 생각하고

· · ·

이 구절은 물론 자신의 청결을 신경 써야 한다는 의미도 있겠지만, 원래는 《예기》에서 부모를 모시는 방법을 설명하는 부분에서 유래한 것이다.

> 부모님의 침과 콧물은 남에게 보이지 않는다. 갓과 띠에 때가 꼈으면 잿물을 풀어 빨겠다고 말씀드리고, 옷이 찢어졌을 때에는 바늘과 실로 꿰매겠다고 말씀드린다. 닷새마다 물을 데워 목욕하시라고 말씀드리고, 사흘마다 머리를 감겨드린다. 그 사이에 얼굴에 때가 꼈으면 물을 데워 씻으시라고 말씀드린다. 발에 때가 꼈어도 물을 데워 씻으시라고 말씀드린다. 아랫사람이 윗사람을 섬길 때에 이 예절대로 한다. - 《예기》〈내칙內則〉

224. 뜨거운 것을 잡으면 서늘해지기를 바란다

執 | 熱 | 願 | 涼
잡을 **집**　더울 **열**　원할 **원**　서늘할 **량**

手執熱하면 則必求淸凉이라
수집열하면 즉필구청량이라

손에 뜨거운 것을 잡으면 반드시 시원한 것을 찾는다.

· · ·

삼가 계책을 세워보면	爲謀爲毖 위모위비
어지러운 상황도 줄어들리라.	亂況斯削 난황사삭
그대에게 근심 걱정을 고하고	告爾憂恤 고이우휼
어진 사람 벼슬 주는 법을 가르치네.	誨爾序爵 회이서작
누가 뜨거운 물건을 쥐면서	誰能執熱 수능집열
물에다 손을 씻지 않으랴.	逝不以濯 서불이탁

　－《시경》 대아 〈상유桑柔〉

위 시는 군주의 현명하지 못한 다스림을 한탄하는 내용이다. 누구나 뜨거운 물건을 잡으면 당연히 (손을 식히기 위해) 차가운 물에 손을 씻듯이, 부강한 나라를 만들고 싶다면 당연히 나라를 어질게 다스려야 하지 않겠냐고 말하는 것이다. 맹자 역시 이 시를 인용하며 어진 통치의 중요성을 강조했다.

225. 나귀와 노새와 송아지와 수소가

驢 騾 犢 特

당나귀 여 　노새 라 　송아지 독 　수소 특

言時平民富하여 畜養蕃盛也라
언시평민부하여 축양번성야라

세상이 평화롭고 백성들이 부유하여 가축이 번성함을 말한 것이다.

...

나귀를 아비로 하고 말을 어미로 해서 그 사이에 태어난 것을 노새라고 한다. - 《설문해자說文解字》

특特이라는 소는 아비를 말하고, 독犢이라는 소는 자식을 말한다. - 《설문해자》

선비에게 부유함을 물을 때에는 수레의 수를 가지고 대답하며, 백성에게 부유함을 물을 때에는 가축의 수를 가지고 대답한다. - 《예기》〈곡례 하〉

특特자는 이 구절에서는 '수소'라는 뜻으로 쓰였으나, '특별하다'의 뜻으로 더 흔하게 사용된다.

226. 놀라 뛰고 달린다

駭 躍 超 驤
놀랄 해 뛸 약 뛸 초 달릴 양

駭躍은 放逸驚跳之貌요 超驤은 奔走騰踏之狀이라
해약은 방일경도지모요 초양은 분주등답지상이라

해약駭躍은 뛰쳐나와 놀라 뛰는 모습이고, 초양超驤은 분주히 뛰어오르며 발을 구르는 모습이다.

...

나귀와 노새, 송아지와 수소는 모두 백성들이 집에서 기르는 가축들이다. 이런 동물들이 즐거이 뛰놀고 있다는 것은 곧 백성들의 생활에 여유가 있고 나라가 잘 다스려지고 있다는 의미이니, 평안한 시대를 표현한 구절이다.

8장

세상의 이치에 대하여

227. 도적을 처벌하여 베고

誅 | 斬 | 賊 | 盜
벨 주 　 벨 참 　 도적 적 　 도적 도

有殘賊竊盜者하면 則聲罪而斷首하고
유잔적절도자하면 즉성죄이단수하고

사람을 해치거나 도둑질하는 자가 있으면 그 죄를 성토하여 머리를 벤다.

· · ·

적賊과 도盜는 둘 다 '도적'으로 풀이되지만, 《춘추좌전春秋左傳》에 따르면 적賊은 사람을 해친 자를 지칭하고 도盜는 물건이나 돈을 훔친 '도둑'을 의미한다.

> 사람을 죽이고도 거리낌이 없는 자를 적賊이라 하고, 남의 물건을 훔친 자를 도盜라고 한다. ‒《춘추좌전》

228. 배반하고 달아난 자를 잡는다

捕 獲 叛 亡
잡을 포　얻을 획　배반 반　도망 망

有叛負亡逸者하면 則擒獲而正法이라
유반부망일자하면 즉금획이정법이라

배반하거나 달아나는 자가 있으면 사로잡아 법을 바로잡는다.

· · ·

여기에서 '배반한 자'는 단순히 사람 사이에서 배신을 저지른 자라기보다는, 임금이나 나라를 배신한 반역자를 말한다. 비슷한 맥락에서 '달아나는 자'는 이러한 죄를 짓고 다른 나라로 망명하거나 몸을 숨기는 자를 말한다.

229. 여포는 활을 잘 쏘고 웅의료는 탄환을 잘 놀렸으며

布 射 僚 丸
베포 쏠사 동관료 탄자환

漢呂布는 射戟에 中小枝하여 解昭烈袁術兵하고
楚熊宜僚는 弄三丸에 以手遞承하여 旋轉不墜하니라 僚는 俗本作遼하니 誤라
한여포는 사극에 중소지하여 해소렬원술병하고
초웅의료는 농삼환에 이수체승하여 선전불추하니라 요는 속본작료하니 오라

한나라 여포는 창을 세워놓고 활을 쏘아 (창의) 작은 가지를 맞혀 원술의 군사에게 (포위되었던) 소열제(昭烈帝 : 유비)를 풀어주었다. 초나라 웅의료는 탄환 세 개를 희롱하면서 손으로 번갈아 받아 빙빙 돌리며 땅에 떨어뜨리지 않았다. 료僚자는 속본俗本에 료遼자로 되어 있지만, 잘못이다.

...

여포는 한나라의 무장으로, 그의 뛰어난 무예를 나타내는 말로 인중여포 마중적토人中呂布 馬中赤兎, 즉 '사람 중에서는 여포가, 말 중에서는 적토마가 가장 뛰어나다'라는 말이 있다.
웅의료는 초나라의 장수로, 특히 쇠로 된 공을 잘 다루었다고 한다. 가장 유명한 일화로는 송나라와의 전투에서 이 쇠공을 받았다 던지며 적군의 주의를 빼앗아 승리를 쟁취한 이야기가 있다.

> (끝이) 갈라진 창을 극戟이라 하고, 한 갈래 창을 과戈라고 한다. -《증운增韻》

230. 혜강은 거문고를 잘 타고 완적은 휘파람을 잘 불었다

嵇 琴 阮 嘯

혜가 **혜**   거문고 **금**   완나라 **완**   휘파람불 **소**

魏嵇康은 善琴하여 廣陵散一曲이 妙絶當時하고
阮籍은 善嘯하여 嘗遇孫登於蘇門山하니 山有嘯臺는 卽孫阮嘯處라
위혜강은 선금하여 광릉산일곡이 묘절당시하고
완적은 선소하여 상우손등어소문산하니 산유소대는 즉손완소처라

위나라 혜강은 거문고를 잘 타 〈광릉산〉 한 곡조가 당시에 절묘하였다. 완적은 휘파람을 잘 불어 일찍이 손등을 소문산에서 만났는데, 이 산에 있는 소대嘯臺는 바로 손등과 완적이 휘파람을 분 곳이다.

...

위魏, 진晉시대에 사회가 어지러워지자 혜강, 완적을 비롯한 산도山濤, 상수向秀, 유령劉伶, 완함阮咸, 왕융王戎 등 일곱 문인이 세상을 벗어나 자연 속에서 고담준론高談峻論'과 풍류를 즐겼는데, 이들을 죽림칠현竹林七賢이라고 한다. 이 가운데 거문고를 잘 타던 혜강(223-262)이 신선으로부터 〈광릉산廣陵散〉이라는 곡조를 전수받았는데, 그가 사형당한 뒤에는 곡조마저 끊어져 전하지 않는다고 한다.

❭ 뜻이 높고 바르며 엄숙하고 날카로운 말.

231. 몽염은 붓을 만들고 채륜은 종이를 만들었으며

恬 | 筆 | 倫 | 紙
편안할 염　붓 필　무리 륜　종이 지

古者에 削竹爲册하여 畫漆而書러니 秦蒙恬이 始造兎毫筆, 松煙墨하며
後漢宦者蔡倫이 始用楮皮敗絮하여 爲紙하니라
고자에 삭죽위책하여 화칠이서러니 진몽염이 시조토호필, 송연묵하며
후한환자채륜이 시용저피패서하여 위지하니라

옛날에는 대나무를 깎아 책을 만들고 옻칠해서 글씨를 썼는데, 진나라 몽염이 처음으로 토끼털 붓과 송연묵松煙墨을 만들었으며, 후한의 환관인 채륜이 처음으로 닥나무 껍질과 썩은 솜을 이용해서 종이를 만들었다.

...

채륜은 글씨를 쓸 수 있는 값싸고 가벼운 종이를 만들어 냄으로써 학문과 문화에 큰 발전을 가져왔다. 이는 중국의 이십사사(정사로 인정받는 24종의 역사서) 중 하나인 《후한서後漢書》에 기록되어 있다.

채륜의 자는 경중敬仲인데, 계양 사람이다. 영원永元 9년(97)에 비검秘劍과 여러 기계들을 만드는 일을 감독했는데 모두 정밀해, 후세에 모범이 되었다. 옛부터 서계書契는 죽간竹簡으로 많이 엮었으며, 비단을 쓴 것은 종이紙라고 했다. 그런데 비단은 귀하고 죽간은 무거워, 모두 사람들이 쓰기에 불편했다. 이에 채륜이 고민하여 나무 껍질과 마麻의 뿌리, 쓰지 못하는 삼베, 물고기 그물로 종이를 만들었다. 원흥元興 원년(105)에 황제께 아뢰자, 황제가 그 종이의 장점을 좋게 여겼다. 이때부터 이 종이를 쓰지 않음이 없었으므로, 천하 사람들이 모두 '채륜의 종이'라고 말했다. - 《후한서後漢書》 권78 〈채륜전〉

232. 마균은 기교가 있었고 임공자는 낚시질했다

鈞 巧 任 釣
무거울 **균**   공교할 **교**   맡을 **임**   낚을 **조**

魏馬鈞은 有巧思하여 造指南車하니 車有木人하여 指必向南하고
戰國任公子는 爲百鈞之鉤하여 垂竿東海하여 釣巨魚하니라
위마균은 유교사하여 조지남거하니 거유목인하여 지필향남하고
전국임공자는 위백균지구하여 수간동해하여 조거어하니라

위나라 마균은 공교한 생각이 있어 지남거指南車를 만들었는데, 수레에 나무로 만든 사람이 있어 (수레가 어디를 가든지) 반드시 남쪽을 가리켰다. 전국시대 임나라 공자는 100균의 갈고리를 만들어, 동해에 낚싯대를 드리워 큰 고기를 낚았다.

...

균鈞은 선조의 본명이기도 했다. 왕의 이름자에 해당하는 글자는 되도록 피해야 했기에, 주해 천자문에서는 이 글자를 "선조의 첫 번째 휘諱이므로, 근斤이라고 읽어야 한다"라고 설명한다.
마균이 만들었다는 지남거指南車는 '남쪽을 가리키는 수레'라는 뜻으로, 지금의 나침반과 같이 쓰였다. 또한 임공자는 낚시의 대가로 처음 낚싯대를 만들어 사람들이 바다에서도 먹을 것을 구할 수 있게 했다고 한다. 임공자의 활약은 아래와 같이 기록되어 있다.

> 임공자가 커다란 낚싯바늘과 낚싯줄을 만들어, 50마리의 소를 미끼로 삼고 동해에서 낚시질했다. 얼마 지나지 않아 큰 물고기가 걸려들었다. 잡은 물고기로 포脯를 떠서 세상 사람들에게 먹이자, 모두 배불리 먹었다. - 《장자》 〈외물편外物篇〉

233. 어지러움을 풀고 세속을 이롭게 하니

釋 | 紛 | 利 | 俗
풀 석　어지러울 분　이할 리　풍속 속

上文八子는 技術之巧가 固有長短得失이나 而要之皆能釋紛而利俗也라
상문팔자는 기술지교가 고유장단득실이나 이요지개능석분이리속야라

윗글에 나오는 여덟 사람은 기술의 공교함이 참으로 장단과 득실이 있지만, 요컨대 모두 어지러움을 풀고 세속을 편리하게 한 것이었다.

234. 아울러 모두 아름답고 묘하다

竝 皆 佳 妙
같을 병　다 개　아름다울 가　묘할 묘

言其技術俱佳美也라
언기기술구가미야라

그 기술이 모두 아름다움을 말한 것이다.

...

앞서 살펴보았듯 여포와 웅의료는 무예로 전장을 제패했고, 혜강과 완적은 혼란한 시대에 음악으로 저항했다. 또한 몽염의 붓, 채륜의 종이, 마균의 지남거(나침반), 임공자의 낚싯대는 모두 생활의 불편함을 해결한 획기적 발명품이다. 따라서 '석분리속 병개가묘'는 이들의 뛰어난 기예가 세상에 큰 영향을 미친다는 사실을 설명하고 있다.

235. 모장과 서시는 자태가 아름다워

毛 | 施 | 淑 | 姿
터럭 모   베풀 시   맑을 숙   자태 자

毛嬙西施는 皆古之美女니 言其美姿絕世也라
모장서시는 개고지미녀니 언기미자절세야라

모장과 서시는 모두 옛날의 미녀이니, 아름다운 자태가 세상에 뛰어남을 말했다.

∴

> 모장과 여희는 아름다운 여인이라 사람들이 흠모하지만, 물고기가 그를 보면 물 속으로 깊이 들어가고, 새들이 보면 높이 날아갔다. 사슴이 보면 급히 달아났다.
> – 《장자》〈제물론齊物論〉

모장은 춘추시대 월越나라 임금 구천句踐이 사랑한 여인, 서시는 구천이 오나라를 어지럽히기 위하여 오吳나라 임금 부차夫差에게 보낸 여인으로 각각 미인의 대명사 격인 인물들이다.

위 《장자》의 구절은 본래 이런 미인들도 동물에게는 그저 두려운 존재일 뿐이기에 인간이 정한 기준은 덧없다는 뜻이지만, 이후 이것이 '물고기가 가라앉고 새들이 떨어질 정도의 미모'라는 뜻의 성어로 바뀌었다.

236. 공교롭게 찡그리고 웃었다

工 | 嚬 | 姸 | 笑
장인 **공** 찡그릴 **빈** 고울 **연** 웃음 **소**

美姿絶世라 故로 愁而嚬하고 喜而笑에 皆美라
미자절세라 고로 수이빈하고 희이소에 개미라

아름다운 자태가 세상에 뛰어났기 때문에 근심하여 찡그리거나 기뻐하여 웃는 모습이 모두 아름다웠다.

...

> 서시西施가 가슴이 아파 그 마을에서 찌푸리고 다녔더니, 그 마을의 추악한 여인이 그 모습을 보고 아름답게 여겼다. 그래서 자기도 역시 가슴을 움켜쥐고 얼굴을 찌푸리며 그 마을을 돌아다녔다. - 《장자》〈천운天運〉

《장자》의 이 구절은 서시를 따라한 여인의 일화를 통해 남의 생각이나 가르침을 아무 생각 없이 받아들이는 것을 비판하는 내용이다. 여기에서 (눈썹을 찌푸리며) 함부로 남의 흉내를 낸다는 뜻의 효빈效嚬이라는 성어가 생겼다.

237. 세월은 화살같이 늘 재촉하고

年 해 연 | **矢** 살 시 | **每** 매양 매 | **催** 재촉할 최

歲色如箭하여 每相催迫也라
세색여전하여 매상최박야라

세월은 화살같이 (빨라) 매양 서로 재촉한다.

238. 햇빛은 밝게 빛난다

曦 | 暉 | 朗 | 耀
희화 희   햇빛 휘   밝을 낭   비출 요

羲和는 唐虞主曆日之官이라 故로 謂日爲羲暉也니 言日光明照하여 運行不息也라
희화는 당우주역일지관이라 고로 위일위희휘야니 언일광명조하여 운행불식야라

희羲와 화和는 요순시대에 책력¹과 해를 주관하던 관직이었다. 그러므로 해를 희휘羲暉라 하였으니, 햇빛이 밝게 비추어 운행하고 쉬지 않음을 말한 것이다.

· · ·

> (요임금께서) 이에 희씨와 화씨에게 명하여 넓은 하늘을 삼가 따르게 하시고, 해와 달과 별들의 운행을 관찰하여 사람들에게 때를 알리도록 하셨다.
> 희중羲仲에게 따로 명하여 우이嵎夷에 살게 하시니, 양곡暘谷이란 곳이다. 해가 뜨는 것을 공손히 인도하여, 봄농사를 고르게 다스리도록 하셨다. 낮과 밤의 길이가 같은 것과 조성鳥星으로 봄철을 바로잡으면, 백성들은 들로 나가고, 새와 짐승들도 교미를 하여 새끼를 쳤다. - 《서경》〈요전堯典〉

희씨와 화씨는 요임금의 신하로, 천문과 역법을 담당하는 천문관이었다. 이후 희씨와 화씨의 후손들이 이 벼슬을 대대로 물려받았기에 희, 화는 그 자체로 천문관을 일컫는 말이 되었다.

▶ 일 년 동안의 월일, 해와 달의 운행, 월식과 일식, 절기, 특별한 기상 변동 따위를 날의 순서에 따라 적은 책.

239. 선기옥형은 달려 있는 채 돌고

璇 | 璣 | 懸 | 斡
구슬 선　구슬 기　달 현　돌 알

璣는 機也니 以璿飾璣하여 懸布斡旋하니 象天之轉也라
기는 기야니 이선식기하여 현포알선하니 상천지전야라

기璣는 틀이다. 구슬로써 틀을 장식하여 매달아 놓아 돌게 하였으니, 천체가 회전하는 것을 상징한 것이다.

⋯

정월 첫날에 (요임금이) 그만두신 임금자리를 (순임금이) 종묘에서 받으셨다. 순임금이 선기옥형璇璣玉衡을 살펴서 천체의 운행을 바로잡으셨다. 상제上帝에게 제사지내고, 천지天地 사시四時에 제사 지냈으며, 산천에 제사 지내고, 여러 신들에게 두루 제사 지내셨다. -《서경》〈순전舜典〉

서원徐爰이 말했다. "《서경》에서 말하는 선기옥형은 지금의 혼천의渾天儀이다. 혼천의는 희씨와 화씨가 옛날에 사용했던 기구인데, 지금은 구리를 틀에 부어서 만들어 쓴다." -《송서宋書》〈천문지〉

240. 어두워졌다 다시 밝아져 순환하며 비춘다

晦魄은 月影이 晦則明盡하고 朔則明蘇하며 望後生魄이니
言日往日來하여 循環照曜也라
회백은 월영이 회즉명진하고 삭즉명소하며 망후생백야니
언일왕일래하여 순환조요야라

회백晦魄은 달그림자가 그믐에는 밝음이 다해 없어지고, 초하루에는 밝음이 다시 살아나며, 보름 뒤에는 어둠魄이 생기는 것이니, 해가 왔다 갔다 하여 순환하면서 밝게 비춤을 말한 것이다.

241. 나무 섶을 가리켜 선행을 닦아 복이 옴을 비유하니

指 薪 修 祐
가리킬 지   섶 신   닦을 수   복 우

積善修福은 可以指薪爲喩니 如薪盡火傳하여 永不滅也라
적선수복은 가이지신위유니 여신진화전하여 영불멸야라

선을 쌓아 복을 닦음은 나무 섶을 가리켜 비유할 수 있으니, 나무 섶은 없어져도 불씨는 전해져 영원히 없어지지 않음과 같다.

...

> 금덩이를 쌓아 자손에게 물려주더라도, 자손이 그 금덩이를 다 지킬 수는 없다. 책을 쌓아 자손에게 물려주더라도, 자손이 그 책을 다 읽을 수는 없다. 어두운 곳에서 남 몰래 덕을 쌓아, 이로써 자손들을 위한 계책으로 삼는 것만 못하다.-《명심보감》〈계선편繼善篇〉

242. 길이 편안하고 길상이 높아지리라

永 綏 吉 邵
길 영　편안 수　길할 길　높을 소

如是면 則永以爲綏而吉祥自邵也라
여시면 즉영이위수이길상자소야라

이와 같으면 영원히 편안하고 길상吉祥이 스스로 높아질 것이다.

...

《명심보감》이 말하는 바와 같이, 이 구절에서는 선행의 효과가 지금 당장 눈에 보이지 않더라도 결국에는 자녀들에게 좋은 영향을 끼친다는 것을 말하고 있다. 올바른 마음가짐과 선한 행동이야말로 부모가 아이들에게 물려줄 수 있는 가장 큰 자산이기 때문이다.

243. 걸음을 바르게 하며 옷차림을 단정히 하고

矩 | 步 | 引 | 領
모날 **구**　걸음 **보**　끌 **인**　옷깃 **령**

矩步는 折旋中矩也요 引領은 猶絜領이니 言整齊衣衿也라
구보는 절선중구야요 인령은 유혈령이니 언정제의금야라

구보矩步는 꺾어 돌아 구(矩, 곡척曲尺)에 맞는 것이며, 인령引領은 혈령絜領과 같으니 옷깃을 가지런하게 함을 말한다.

...

'구'란 치수를 재거나 직각을 잴 때 쓰는 자로, 그 모양이 직각을 이루기에 절도 있는 걸음걸이를 이에 빗댄 것이다. 맹자의 책에도 언급된다.

> 이루離婁같이 눈이 밝고 공수자公輸子처럼 솜씨가 뛰어나도, 걸음쇠(規, 규)와 곱자(矩, 구)를 쓰지 않으면 네모나 동그라미를 제대로 그릴 수가 없다. 또 사광師曠처럼 귀가 밝아도 육률六律을 쓰지 않으면 오음五音을 바로잡지 못한다. 요임금과 순임금의 도가 있어도 실제로 어진 정치를 펴지 않으면 천하를 화평하게 다스릴 수가 없다. - 《맹자》〈이루離婁 상〉

여기서 이루, 공수자, 사광은 각각 천부적인 재능으로 유명했던 사람의 이름이다. 이루는 눈이 밝았으며, 공수자는 노나라의 솜씨 좋은 장인이었고 사광은 진나라의 악사로 귀가 밝고 음률을 잘 알았다고 한다.

244. 낭묘에 오르고 내린다

俯 仰 廊 廟
굽을 부 우러를 앙 행랑 낭 종묘 묘

俯仰은 猶周旋也라 廊은 宗廟之廊也니
古者有事에 必行於宗廟라 故로 謂朝廷爲廊廟라
부앙은 유주선야라 낭은 종묘지낭야니
고자유사에 필행어종묘라 고로 위조정을위낭묘라

부앙俯仰은 주선周旋과 같다. 낭廊은 종묘의 행랑인데, 옛날에 일이 있으면 반드시 종묘에서 행하였으므로 조정朝廷을 일러 낭묘廊廟라고 한 것이다.

245. 띠를 묶고 긍지를 지녀 씩씩하게

束 帶 矜 莊
묶을 속　띠 대　닦을 긍　씩씩할 장

束帶立於朝에 當矜持莊敬이요 不可懈也라
속대립어조에 당긍지장경이요 불가해야라

띠를 묶고 조정에 서면 마땅히 긍지를 지니고 씩씩해야 하며, 게을러서는 안 된다.

· · ·

맹무백孟武伯이 "적(赤, 공자의 제자)은 어떻습니까?"라고 묻자, 선생님께서 말씀하셨다.
"적에게 띠를 묶고 (예복 차림으로) 조정에 나가 사신들을 접대하게 할 수는 있겠지만, 그가 어진 사람인지는 모르겠습니다." -《논어》〈공야장公冶長〉

246. 배회하면 사람들이 우러러본다

徘 | 徊 | 瞻 | 眺
머물**배**   머물**회**   볼**첨**   볼**조**

矜莊有素면 則徘徊之間에 可以聳動瞻眺니 詩曰 民具爾瞻이 是也라
긍장유소면 즉배회지간에 가이용동첨조니 시왈 민구이첨이 시야라

평소에 긍지를 지니고 씩씩하면 배회하는 사이에 (사람들이) 공경하며 바라보게 할 수 있으니, 《시경》〈절남산節南山〉에 "백성들이 모두 그대를 우러러본다"는 것이 이것이다.

⋯

높은 저 남산에는	節彼南山 절피남산
바윗돌이 우뚝해라.	維石巖巖 유석암암
빛나고 높은 태사 윤씨여!	赫赫師尹 혁혁사윤
백성들이 모두 그대들을 우러러보네.	民具爾瞻 민구이첨
걱정으로 마음 속이 타서	憂心如惔 우심여담
우스개소리도 못하게 되었으니,	不敢戲談 불감희담
나라가 마침내 망하게 되었건만	國旣卒斬 국기졸참
어찌 살펴보지도 않으시나.	何用不監 하용불감
– 《시경》 소아 〈절남산〉	

〈절남산〉은 당시 주나라 유왕과, 그가 등용한 태사 윤씨의 실정을 비판하는 시이다. 주나라의 유왕은 포사라는 미인에게 빠져 나라를 돌보지 않아 비참한 최후를 맞은 것으로 유명하다.

247. 고루하고 들은 것이 적으면

孤 | 陋 | 寡 | 聞
외로울 고 좁을 루 적을 과 들을 문

學記曰 獨學無友則孤陋寡聞이라하니 是以로 貴在相觀而善이라
학기왈 독학무우즉고루과문이라하니 시이로 귀재상관이선이라

《예기禮記》〈학기學記〉에 이르기를, "홀로 배우고 벗이 없으면 외롭고 누추하여 보고 들은 것이 적다"고 하였다. 이 때문에 서로 보며 선해짐을 귀히 여기는 것이다.

...

고루과문固陋寡聞은 조선시대 선비들이 자신을 낮추는 말로, 또는 상대방의 부족함을 비판하는 말로 많이 쓰였다. 예를 들면 조선 후기의 유학자 이현일李玄逸은 김경번에게 보내는 편지에서 "저는 염려해주신 덕분에 여전히 그럭저럭 지내고 있으나, 외진 시골에 쓸쓸히 살다 보니 고루과문固陋寡聞하여 그저 녹록한 사람일 뿐 말할 만한 것이 없습니다. 선생의 귀한 손자가 멀리 적막한 이곳까지 나를 찾아와서 차가운 마루에서 자고 나물 반찬을 먹는 숙식의 고생도 꺼리지 않은 채 옛사람의 마음 자취를 찾는 공부에 열중하고 있으니, 그 뜻이 가상합니다. 다만 나로서는 그 소망에 부응할 능력이 없으니, 이것이 부끄럽고 두려울 뿐입니다"라고 하였다.

248. 어리석고 몽매한 자처럼 꾸중을 듣는다

愚 | 蒙 | 等 | 誚
어릴 우   어릴 몽   같을 등   꾸짖을 초

獨學寡聞이면 則與愚迷蒙昧者로 同其譏焉이라
독학과문이면 즉여우미몽매자로 동기기언이라

홀로 배워 보고 들은 게 적으면 어리석고 몽매한 자와 같이 꾸지람을 듣는다.

• • •

《순자》〈수신편修身篇〉에는 앎과 어리석음에 대한 통찰이 담겨 있다.

> 옳은 것은 옳다 하고 그른 것은 그르다 하는 것을 지智라 하고, 그른 것을 옳다 하며 옳은 것은 그르다 하는 것을 우愚라고 한다. -《순자》〈수신편〉

249. 어조사라 이르는 것은

謂 | 語 | 助 | 者
이를 위　말씀 어　도울 조　놈 자

　　　　文字有實有虛하니 虛字亦不可無라
　　其起結承接之際에 可以聯綴爲文者니 卽所謂語助辭也라
　　　　문자유실유허하니 허자역불가무라
　　기기결승접지제에 가이연철위문자니 즉소위어조사야라

문자에는 실자實字와 허자虛字가 있는데, 허자도 없어서는 안된다. 시작하고 끝맺으며 이어줄 때에 연결하여 글을 만드는 것이니, 곧 이른바 어조사이다.

...

어조사語助辭란 글자 그대로 '말이 되도록 도와주는 글자'이다. 그래서 그 글자 자체로는 뜻이 없기 때문에 허사虛辭, 또는 허자虛字라고도 했다.

그러나 뜻이 없을 뿐이지, 필요 없는 글자는 아니다. 글자와 글자 사이를 이어주면서 뜻을 바꿔주는 역할을 하기 때문이다. 그래서 어조사 하나 때문에 평서문이 의문문도 되고, 감탄문도 되며, 긍정이나 부정으로도 바뀐다.

가령 언焉자 하나만 보더라도 문장 앞에 오면 '언감생심焉敢生心,' 즉 '어찌 감히 마음이나 먹으랴?'와 같이 의문문이 되지만, 문장 뒤에 오면 '사시행언 백물생언四時行焉 百物生焉'에서와 같이 대명사를 겸한 어조사가 된다.

250. 언, 재, 호, 야다

焉 | 哉 | 乎 | 也
어조사 **언**   어조사 **재**   온 **호**   어조사 **야**

若焉若哉若乎若也는 是語辭니 而耶歟矣兮之屬이 皆其類也라
약언약재약호약야는 시어사니 이야여의혜지속이 개기류야라

언焉·재哉·호乎·야也는 바로 어사語辭인데, 이而, 야耶, 여歟, 의矣, 혜兮 따위도 모두 이러한 종류이다.

· · ·

《석봉 천자문》에서는 어조사를 모두 '입겻'이라고 새겼는데, '입의 곁'이라는 뜻이다. 한글의 가장 오래된 표기라고 볼 수 있는《월인석보月印釋譜》에 "焉언은 입겨치라" 했다. 같은 책에서 지之를 "입겨시라", "입겨지라" 두 가지로 쓴 것을 보면, '입곁'이 차츰 '입겻'으로 바뀐 듯하다. 여기에서 '입의 곁'은 말하는 입의 가장자리라는 의미이다. 즉, 덜 중요하다는 뜻이다.

이처럼《석봉 천자문》에서 '입겻'이라는 이름으로 불렸던 어조사는《주해 천자문》에 와서는 '입긔'로 바뀌었다가, 요즘은 '이끼'를 거쳐 '잇기'로 불리기도 한다. 형태는 다르지만, 모두 말을 이어주는 글자라는 뜻을 지니고 있다.

따라서 단어 사이사이를 이어 주는 어조사의 쓰임새만 잘 익히면 한문의 문맥을 제대로 파악할 수 있다.

《주해 천자문》의 마지막 장에는 이러한 글이 있다.

皇明文衡山徵明所書草楷篆隷四體에 烈作絜하니 同潔이요
祐作祜하니 福也요 邵作劭하니 美也라
황명문형산징명소서초해서예사체에 열작결하니 동결이요
우작호하니 복야요 소작소하니 미야라

> 명나라 형산衡山 문징명文徵明이 쓴 초草, 해楷, 전篆, 예隷의 사체四體《천자문》에는 ('여모정렬女慕貞烈'의) 렬烈자가 결絜자로 되어 있는데, 이 결絜자는 '깨끗할 결潔'자와 같다. ('지신수우指薪修祐'의) 우祐자는 호祜자로 되어 있는데, '복福'이라는 뜻이다. 마지막으로 ('영수길소永綏吉邵'의) 소邵자가 소劭자로 되어 있는데, 소劭는 '아름답다美'는 뜻이다.

위의 글에서 말하듯, 본래 천자문은 '여모정결'의 '결' 자와 환선원결의 '결' 자가 겹쳐 1,000자가 아닌 999자로 이루어져 있었으나, 후에 사람들이 '여모정결'의 결 자를 렬 자로 바꾸어 1,000자를 맞췄다고 한다.

흔들리는 삶의 중심을 잡아주는 천년의 지혜
마흔에 읽는 천자문

초판 1쇄 발행 2026년 1월 14일

엮어옮긴이 허경진
펴낸이 최현준

편집 강서윤, 홍지회
디자인 홍민지

펴낸곳 빌리버튼
출판등록 2022년 7월 27일 제 2016-000361호
주소 서울시 마포구 월드컵로 10길 28, 201호
전화 02-338-9271
팩스 02-338-9272
메일 contents@billybutton.co.kr

ISBN 979-11-24075-03-6 (03150)

· 이 책은 저작권법에 따라 보호를 받는 저작물이므로 무단전재와 무단복제를 금합니다.
· 이 책의 내용을 사용하려면 반드시 저작권자와 빌리버튼의 서면 동의를 받아야 합니다.
· 책값은 뒤표지에 있습니다. 파본은 구입하신 서점에서 교환해 드립니다.
· 빌리버튼은 여러분의 소중한 이야기를 기다리고 있습니다.
  아이디어나 원고가 있으시면 언제든지 메일(contents@billybutton.co.kr)로 보내주세요.